Extrait du BULLETIN DE LA SOCIÉTÉ DE GÉOGRAPHIE D'ALGER
ET DE L'AFRIQUE DU NORD

A. JOLY

LA PLAINE

des

BENI-SLIMANN

ET SES ABORDS

ALGER
IMP. TYPO-LITHOGRAPHIQUE S. LÉON
15, Rue de Tanger, 15
1905

LA
PLAINE DES BENI-SLIMANN

ET

SES ABORDS

Extrait du Bulletin de la Société de Géographie d'Alger
et de l'Afrique du Nord

ALGER
IMPRIMERIE TYPOGRAPHIQUE ET LITHOGRAPHIQUE S. LÉON
15, Rue de Tanger 15,
—
1909

LA
PLAINE DES BENI-SLIMANN

ET SES ABORDS

§ I. — GÉNÉRALITÉS

Situation géographique. — La plaine des Beni-Slimann (1) fait partie d'une zone de dépressions qui se poursuit au milieu de la région montagneuse de l'atlas tellien, parallèlement à la longueur de celui-ci, et dont les accidents principaux sont les *plaines de*

---

(1) A ma connaissance, aucune étude spéciale n'a été faite jusqu'ici de la plaine des Beni-Slimann. Quelques personnes cependant l'ont visitée, mais avec un objectif spécial. MM. Ficheur, Professeur de géologie à l'École des Sciences d'Alger, Blayac et Pierredon, Collaborateurs à la carte géologique d'Algérie, l'ont parcourue ou en ont parcouru les abords pour en étudier la nature géologique. M. Ficheur l'a citée dans quelques-unes de ses notices géologiques sur les terrains d'âge éocène, que l'on trouvera plus loin indiquées dans une note.

J'ai fait aussi dans le pays deux courses géologiques en 1898-99 pour le service de la carte. A ce propos j'adresse mes remerciements à M. Ficheur, qui m'a fait admettre comme collaborateur à la carte géologique d'Algérie, et à M. Armand, Administrateur de la commune mixte de Tablatt, qui m'a grandement facilité mes excursions, ainsi qu'au personnel de la commune mixte et à celui des forêts.

Bel-Abbès et du Chéliff, le *plateau de Médéa*, à l'Ouest de la région qui nous occupe, la *plaine des Aribe, celle du Hamza* et la *vallée de l'oued Sahel*, à son Orient (1).

Limites. — A l'Est la plaine des Beni-Slimann confine au *plateau de Médéa*, dont les abords sont occupés par une série de collines formant une région intermédiaire ; au Sud-Est, elle se prolonge dans la direction de Berrouaguia par la vallée de *l'oued Elhammam* (plus bas, oued Malah, et plus bas encore, oued Isser), étroite à sa partie supérieure et qui contourne, en le séparant des monts de Berrouaguia, le pied méridional du plateau de Médéa sur une partie de sa longueur (2). Au Sud s'élèvent les *monts de Berrouaguia*, dont la direction prolonge à l'Est du Chéliff celle de certaines hauteurs des

(1) On peut se demander de prime abord si le plateau de Médéa figure ici à juste titre, étant donnée son élévation. Je ferai observer qu'il marque seulement la portion la plus élevée de cette longue zone de dépressions, à laquelle il appartient manifestement, bien que son altitude soit relativement peu inférieure à celle des crêtes qui l'avoisinent au Nord et au Sud. En effet, lorsque dans ces crêtes les couches géologiques sont fortement plissées et contournées, parfois même renversées, les strates du plateau de Médéa affectent au contraire une allure calme, comme celles des plateaux, collines et plaines qui lui confinent à l'Est et à l'Ouest.

L'unité de la zone de dépression que j'ai signalée se manifeste encore par la nature géologique des terrains qui la constituent et qui appartiennent au tertiaire ou au quaternaire, tandis que ceux des crêtes régnant au Nord et au Sud sont d'âge secondaire.

Enfin la surélévation du plateau de Médéa, par rapport aux plaines mieux dessinées qui l'avoisinent, s'explique très bien. Il se trouve en effet sur le passage d'une ligne dont la direction est à peu près perpendiculaire au rivage de la Méditerranée, et qui traverse dans sa longueur la province d'Alger, marquée par une surélévation des plaines et des plateaux, en un mot de toutes les parties du sol peu ou point plissées. Le plateau ou chebka du Mzab, est dans la zone Saharienne, le plus manifeste accident qui en témoigne, de même que le plateau de Médéa dans la zone Tellienne. On ne s'étonnera donc point que j'aie indiqué, ce dernier comme appartenant à une zone de dépressions, malgré sa surélévation relative.

(2) La vallée *l'oued Elhad*, affluent du Chéliff, prolonge celle de l'oued Elhammam du côté de l'Ouest ; c'est à la tête de ces deux vallées que se trouve la partie moins élevée des hauteurs d'entre Chéliff et Isser, à Berrouaguia, par 925 mètres d'altitude. Le bord occidental du plateau atteint au contraire 1,200 mètres environ. A elles deux ces vallées forment donc comme un profond sillon qui relie, un peu au Sud du plateau de Médéa, les deux plaines du Chéliff et des Beni-Slimann.

Matmata, situées à l'Ouest du fleuve ; puis les pentes du *Dira*, d'*Aumale*, leur font suite vers l'Est sans discontinuité sensible. A l'Est, ou mieux au Nord-Est, aucune limite précise à la plaine des Beni-Slimann. Celle-ci s'ouvre largement tout au contraire sur la plaine des Aribe ; seul le lit de l'*oued Zaroua*, perpendiculaire au grand axe des deux plaines, les sépare comme un fossé profond. Du côté du Nord enfin la plaine des Beni-Slimann finit au pied des *monts de Tablatt*, grande ride parallèle aux monts des Beni-Salah, faisant comme ceux-ci partie de ce tronçon de l'Atlas Tellien que l'on qualifie souvent d'*Atlas Métidjien*, mais un peu plus méridionale. De ce côté encore, avant de pénétrer en pleine montagne, on trouve des collines élevées, tantôt affectant elles-mêmes la forme montagneuse et tantôt celle de plateaux. Elles se distinguent des grandes rides de l'Atlas et par leur aspect et par leur nature géologique, et sont au point de vue du relief un peu comme la suite du plateau de Médéa, car elles se rattachent à ces collines dont j'ai parlé tout à l'heure, et qui créent entre le plateau et la plaine comme une zone intermédiaire. Leur point culminant se trouvant être le *Djebel Chaïf*, je me servirai du nom de cette montagne pour les désigner dans l'ensemble et je les appellerai *pâté du Djebel Chaïf*.

Étendue. — Ainsi délimitée, la plaine des Beni-Slimann compte dans sa plus grande longueur, du Sud-Ouest au Nord-Est, 44 kilomètres d'étendue, y compris la partie de la vallée de l'*oued Elhammam* qui peut être assimilé à une plaine, et qui, seule, depuis le Hammam de Berrouaguia jusqu'à l'oued El Melah, a 15 kilomètres de longueur ; dans sa plus grande largeur, du Nord-Ouest au Sud-Est, par le travers de Souk El Arba, 12 kilomètres.

Sa superficie très approximative est comprise entre 260 et 280 kilomètres carrés.

Altitude. — Le fond de la plaine des Beni-Slimann est bien nivelé ; c'est à peine si quelques rares hauteurs y font saillie, se distinguant nettement de la plaine elle-même ; son altitude varie entre 650 mètres (bords de l'oued Malah) et 550 mètres (bords de l'oued Zaroua). La distance des deux rivières étant de 29 à 30 kilomètres, on voit que la plaine a, dans le sens de sa longueur, une pente par mètre de 0^{m}004 environ. Plus forte est celle de la vallée de l'oued Elhammam, dont le débouché est à 650 mètres comme nous venons de le voir, tandis que la tête se trouve à près de 850 mètres ; la pente par mètre est donc d'environ 0^{m}014. Le fond en est aussi plus bosselé, et quelques mamelons boisés, longeant la rive droite de l'oude Malah, en marquent la fin, du côté du Sud-Ouest, et justifient le nom *d'annexe de la plaine des Beni-Slimann*, que j'ai employé à son égard.

L'altitude des parties montagneuses qui entourent la plaine des Beni-Slimann se maintient entre 850 et 1,300 mètres, partout assez forte par conséquent pour que celle-ci apparaisse nettement comme une enclave laissée par la nature dans une région accidentée. Il n'y a guère de meilleur observatoire pour en juger que le sommet du Djebel Chaïf. De cet endroit, à 844 mètres d'altitude, on découvre la chaine du Dira, qui se maintient aux environs de 1,200 à 1,300 mètres, et dont le point culminant est à 1,810 mètres ; les monts de Berrouaguia, d'une altitude moyenne de 1,100 mètres, le plateau de Médéa élevé de 850 à 1,000 mètres ; les grandes crêtes de monts de Tablatt, qui atteignent 1,200 mètres, et que dominent dans le Nord-Nord-Est les cimes du Djurdjura, couvertes de neige pendant six mois de l'année.

Dans le Nord-Est seulement la plaine fuit sans limite précise ; elle se continue par les plaines des Aribes et du Hamza, dont les lignes flottantes se perdent en des vapeurs azurées. C'est un magnifique panorama qui met parfaitement en valeur les relations de la dépression formée par l'enfilade des plaines avec le bourrelet montagneux qui les entoure. Au point de vue purement pittoresque, le paysage n'est pas moins remarquable ; les tons rouges ou oranges des escarpements du Djebel Chaïf tranchent avec la verdure des pins qui couvrent cette montagne ; avec les teintes sombres des monts de Tablatt ; avec les tons fauves du plateau de Médéa, la couleur grisâtre des pentes du Dira et le bleu pâle des montagnes kabyles qui ferment l'horizon du Nord-Est.

Abords. — Quant au pâté du *Djebel Chaïf* (1), il se limite au Sud par des pentes assez raides et toujours bien dessinées, sur la plaine des Beni-Slimann ; de tous les autres côtés par des pentes beaucoup plus raides encore, ou même par des escarpements et des falaises, sur l'*oued Malah*, branche du *haut Issser*, à l'Ouest et au Nord, et sur l'*oued Zaroua* vers l'Est. A l'intérieur de sa masse pénètrent plusieurs ravins très profondément encaissés qui en font une région très accidentée mais passablement confuse. Cette confu-

---

(1) Le *Djebel Chaïf* جبل شايف, c'est « *la montagne qui domine les environs* », et cette épithète lui convient très bien.

sion résulte tout à la fois du manque de plissements tectoniques importants qui aient pu servir de guide à l'érosion, et du manque de roches dures dans le sol ; c'est ce qui a permis aux eaux météoriques de s'épandre à la surface de la montagne d'une façon quelque peu capricieuse ; elles ont attaqué le Djebel Chaïf comme elles l'auraient fait pour un tas de terre. Les plus importants des ravins rayonnent sensiblement, il est vrai, autour du point culminant ; mais les autres vont dans n'importe quelle direction, suivant une quelconque des lignes de plus grande pente qui sillonnent les flancs des premiers. Le manteau de forêt qui couvre en grande partie le Djebel Chaïf a cependant modéré l'érosion : mais là où il manque, le ravinement s'est produit avec une intensité extrême. Tels sont par exemple les environs du point dit Elguetateuche (1), au Nord-Ouest du pâté montagneux. Là, non seulement les ravins se croisent en tous sens, mais on trouve des cirques sans issus, des entonnoirs qui plus tard deviendront des cirques semblables, et d'où les eaux, qui s'y amassent en temps de pluie, s'échappent souterrainement ; puis tous les exemples classiques des effets de l'érosion dans les terres caillouteuses, aiguilles accrochées au flanc des ravins là où un bloc de pierre peut protéger leur sommet, pyramides, arches naturelles, masses isolées, corniche en surplomb sur la muraille des falaises, creuvasses et gouffres. Enfin, un *oued Malah*, autre que celui dont j'ai parlé plus haut, traverse le pâté du Djebel Chaïf qu'il coupe en deux, laissant isolé à l'Est de la masse principale une portion moins importante et moins élevée (Elqliaâ, 675 mètres), mais presque aussi profondément et aussi capricieusement ravinée (2).

La portion de l'Atlas de Tablatt qui borde la vallée de l'oued Isser-Malah offre un aspect quelque peu différent. Il y a des crêtes bien dessinées, qui se détachent du reste des plis de terrain ; et qui sont plus élevées aussi. Enfin les ravins, moins profondément encaissés peut-être, suivent des directions qui sont plus visiblement en relation avec les plissements orogéniques. Ils sont tantôt parallèles, tantôt

---

(1) Elguetateuch ڤطّاطيش, pluriel de Guettoucha ڤطّوشة, touffes de poils, de plumes, et aussi bouquets de bois dans une situation apparente, comme des touffes de poils ou de plumes sur un pelage. Il y a eu peut-être en cet endroit autrefois des bouquets de bois disséminés sur les sommets.

(2) L'oued Oum Elkbeir est le ravin qui a le plus profondément entamé le Djebel Chaïf ; il a réussi à débiter tout l'oligocène sur une assez grande longueur (une douzaine de kilomètres) et, après avoir atteint le cénomanien, il s'y est enfoncé. Il y a quelques puits et quelques suintements sur ses bords, près du contact de deux formations géologiques.

perpendiculaires aux crêtes. Les plus nettement accusées parmi celles-ci s'allongent de l'Ouest un peu Sud, à l'Est un peu Nord.

Il en est de même des monts de Berrouaguia et de la chaîne du Dira. Le *Djebel Sabbah* est un des plus notables accidents des premiers. Ses abrupts sont au Sud, tandis qu'au Nord il s'abaisse en pentes beaucoup plus douces sur la vallée de l'oued Elhammam.

§ II. — LE SOL

Géologie. — La plaine des Beni-Slimann est une plaine d'allusions ; de là tient ce caractère de planitude presque absolu, à peine rompu çà et là par le travail récent des eaux de ruissellement. Les sédiments quaternaires qui en constituent le sol se sont déposés dans un grand synclinal dirigé dans le sens même de la plaine et qui se creuse entre les deux maîtres-plis de l'Atlas Tellien.

Sur les bords de la plaine les premières pentes des montagnes régnant au Sud, les collines de la rive droite de l'oued Malah, le pâté du Djebel Chaïf enfin, sont constitués par des couches aux tons étranges, tantôt d'un rouge ocreux ou orange, tantôt roses ou vermeilles, quelquefois rayées de blanc ou de bleu grisâtre, et dont la nature géologique a été longtemps méconnue. On les prit d'abord pour du quaternaire, puis pour du miocène ; il est aujourd'hui démontré qu'ils appartiennent à l'oligocène, et qu'ils sont du même âge que les terrains analogues d'aspect que l'on rencontre en d'autres points de l'Algérie et dans les Alpes.

Ils ne sont pas horizontaux, pas partout non plus très nettement plissés, ni dénivelés, et cependant ils présentent dans l'ensemble un relèvement sensible contre les pentes de l'Atlas, ainsi qu'on peut s'en rendre compte en les observant de loin ou sur une grande étendue (1). Leur épaisseur peut atteindre et dépasser 100 mètres (Djebel Chaïf par exemple). Or comme ils sont perméables aux eaux sur toute cette

---

(1) On consultera, à propos des terrains oligocènes de la plaine des Beni-Slimann ou de ses abords les ouvrages suivants :

E. Ficheur. — *Sur l'âge miocène des dépôts de transport* du Djurdjura, ass. fr. p. av. des Sci., Congrès d'Oran, 1888.

A. Pomel. — *Description stratigraphique de l'Algérie*, 1889, Alger, Fontana. Dans ces deux ouvrages les terrains dont il s'agit sont indiqués comme appartenant au miocène (m. de la carte géologique, édit. 1889). C'est par suite d'erreurs d'observations que le second indique la présence d'huîtres et autres fossiles marins dans les terrains rouges.

E. Ficheur. — *Extension des atterrissements miocènes de Bordj-Bouira*

épaisseur, il n'y a, dans les endroits où ils présentent tout leur développement, aucune nappe souterraine à proximité du sol.

Il arrive qu'en plusieurs points la surface des hauteurs oligocènes
a été arrasée, de sorte qu'à une grande altitude on trouve des terras-
ses, restes probables d'anciennes plaines, et peut-être recouvertes de
dépôts quaternaires ou pliocènes dont la séparation d'avec les
terrains auxquels ils se superposent n'a pu être faite encore.

A part le plateau de Médéa, presque entièrement miocène, les
régions élevées que l'on rencontre ensuite sont d'un âge plus ancien.
Le crétacé, en constitue la masse exclusivement, depuis le Gault
jusqu'au Sénónien. Dans maint endroit on voit apparaître à la base
des îlots restreints de trias, sans qu'il soit possible de découvrir nulle
part la moindre trace de jurassique intermédiaire. Ces terrains crétacés sont plissés très fortement dans l'Atlas de Tablatt, quelquefois
même renversés. Mais leur étude, qui demande à s'appuyer sur des
observations longues et difficiles, n'est pas encore complètement
terminée ; on sait seulement que les axes des principaux plissements
sont, comme les crêtes, du Sud-Sud-Ouest au Nord-Nord-Est.

Ces terrains crétacés apparaissent encore sous le quaternaire, à
une assez grande profondeur en contre bas du niveau supérieur de
celui-ci, au pied des falaises entre lesquelles coulent la plupart des
cours d'eau qui traversent la plaine. Comme ils règnent sur la face
des falaises dont il s'agit presque jusqu'à leur sommet, il s'ensuit que
le quaternaire n'offre nulle part une grande épaisseur, disposition
fâcheuse sur laquelle j'aurai l'occasion de revenir.

(Alger), in. Bull. Soc. géol. de Fr., 3e s., f. XVIII, page 302, séance du
17 mars 1890.

Les mêmes terrains sont encore classés comme miocènes, mais traités avec
plus de détail.

E. Ficheur. — *Bassin lacustre de Constantine et formations oligocènes en
Algérie*, C. R. alcade, 7 mai 1894. Les terres et poudingues rouges sont attribués à l'oligocène.

E. Ficheur. — *Les terrains d'eau douce du bassin de Constantine*. in. Bull.
Soc. géol. de Fr., 3e s., f. XXII, p. 544, 1894. La note se termine par une
comparaison avec les terrains d'eau douce de la région de Berrouaguia.

E Ficheur. — *Note sur le bassin tertiaire de Médéa*, in. Bull. Soc. géol. de
Fr., 3e s., f. XXIV, p. 1,042, 1896.

E. Ficheur. — *Compte rendu des excursions de la réunion extraordinaire de
la Société géologique de France*, (journée du 11 octobre. bassin tertiaire de
Médéa), in. Bull. Soc. géol. de Fr., 3e s., f. XXIV, page 973, 1896.

Quant aux ouvrages antérieurs à 1888, ils confondent les terrains oligocènes
avec le quaternaire et n'en font pas mention détaillée.

Lithologie. — La composition lithologique de tous ces terrains est très monotone ; presque pas de roches solides, propres à servir de charpente aux mouvements orographiques, et pouvant d'autre part donner de bons matériaux de construction. Les marnes dominent ; dans la plaine et à ses abords immédiats presque point de calcaires ni de grès, mais des marnes, des schistes, des poudingues, des graviers. Terres et graviers dans le quaternaire ; poudingues passant parfois à des grès très grossiers et friables, avec marne terreuses en masses prépondérantes dans l'oligocène ; marnes ébouleuses, noirâtres dans le Suessonnien ; calcaires marneux fissiles et disloqués dans le Cénomanien, qui donne les seuls matériaux de construction possible, mais de quelle qualité ! ; marnes schisteuses enfin, parsemées de bancs de quartzites discontinus dans le Gault ; marnes avec grès quartziteux subordonnés dans les monts de Berrouaguia (Djebel Sabbah) ; marnes encore, mais imprégnées de sel, avec schistes et carnieules dans le trias. Il en résulte que partout la terre est forte, argileuse et lourde. en même temps que chargée de cailloux provenant des débris de l'oligocène. Les poudingues de l'oligocène, en se décomposant, encombrent de cailloux le lit des rivières et la surface du sol. En certains endroits, des collines qui terminent à l'Ouest la plaine des Beni-Slimann, le sol en est couvert en si grande quantité que la marche devient très pénible. De plus la couleur sombre qu'il présente de ce côté, la teinte également sombre des lentisques qui parsèment le pays donne à celui-ci un aspect vraiment lugubre.

Les seules roches à la fois un peu consistantes et suffisamment développées, les poudingues, les grès grossiers et les calcaires marneux ne se rencontrant que dans l'oligocène et le cénomanien, il s'ensuit qu'on rencontre dans ces deux terrains seulement des accidents du relief d'une allure un peu franche. Partout où les escarpements atteignent une notable hauteur, on peut être sûr que le cénomanien les constitue ; ailleurs on ne trouve que des pentes, encore abruptes dans le Gault, où elles sont maintenues par les bancs de quartzites intercalés, plus douces, ébouleuses et ravinées dans le Sénonien. C'est encore le Cénomanien qui couronne les quelques pitons crétacés que l'on voit surgir au sein du quaternaire de la plaine (par exemple Coudiat Sidi-Hellel) ; enfin ce sont les poudingues et les grès grossiers de l'oligocène, qui constituent les points saillants des collines tertiaires formées en ceinture autour de la plaine et les sommets du Djebel Chaïf.

Quelques ilots triasiques fournissent aux indigènes du plâtre et du les ; l'un des plus étendus dans les environs de la région étudiée, est celui de Tablatt ; dans les Ouled Zenim, au Sud de la plaine, un autre îlot fournit du sel vendu sur les marchés. Des traces de minerais de plomb, fer ou cuivre se rencontrent aussi sur les bords de l'oued Isser Malah, auprès des dernières pentes de l'Atlas.

§ III. — LES EAUX

Nappes d'eau. Sources. — La nature lithologique de tous ces terrains est peu propice à la formation de nappes souterraines. Rarement apparaissent au jour des couches rocheuses, superposées à des marnes, suffisamment épaisses et capables de se laisser assez intimement pénétrer par les eaux pluviales, pour former des réservoirs naturels de quelque importance, ou, bien quand cela se produit par hasard, comme dans l'oligocène, la puissance des terrains perméables est si considérable que les nappes se trouvent à une profondeur où ne peuvent atteindre les puits. Sur d'immenses surfaces au contraire les marnes et argiles se montrent à nu, impénétrables aux eaux qui glissent à leur surface sans même les imbiber un peu profondément. Seuls les dépôts quaternaires de la plaine pourraient contribuer à la formation de sources. Mais leur épaisseur insuffisante, leur horizontalité à peu près absolue annulent presque complètement l'avantage d'une plus grande perméabilité. Aussi, dans la plaine des Beni-Slimann, ne trouve-t-on aucune source importante, mais seulement quelques rares suintements au pied des berges des torrents qui la traversent ; et l'on peut considérer le Djebel Chaïf en particulier comme presque absolument dépourvu de points d'eau naturels.

C'est à sa périphérie seulement qu'on trouve quelques points d'eau, là où l'oligocène, aminci par l'érosion, ne présente plus au-dessus des marnes crétacées qu'il surmonte qu'une faible épaisseur. Dans ces conditions jaillissent par exemple les Aïne Nessissa, à la tête de l'oued Mou Elkheir, et sont établis quelques puits, par exemple Bir Khorichefa (1).

L'eau est un peu moins rare dans l'Atlas de Tablatt, sur les pentes

______

(1) *Oued Mou Elkheir* واد ام الكير, *Mou Elkheir* est un nom propre de femme ; ou bien peut-être, en considérant oued comme au féminin, pourrait-on traduire oued Oum Elkheir par *rivière bienfaisante, vallée heureuse ?*

Khorichefa خريشفة, diminutif de *Khorchef* خرشف, artichaut sauvage.

Aïne Nessissa عين نسيسة, source suintante. *Nesses* نسس, ou *Nesnes* نسنس, voulant dire suinter.

qui dominent l'Isser ; là jaillissent quelques sources au contact du Cénomanien ou de l'oligocéne et du Sénonien, c'est-à-dire là où des terres ont des calcaires plus ou moins poreux se trouvent superposés à des marnes. Mais la porosité de ces calcaires est trop incomplète pour qu'ils puissent constituer de sérieux réservoirs d'eau, et les sources qu'ils produisent sont plutôt multipliées qu'abondantes. Elles ne tarissent pas cependant en été, non plus que les ruisseaux qui en découlent et qui vont se déverser dans l'Isser Malah.

Cours d'eau. — Cependant quelques cours d'eau traversent la plaine des Beni-Slimann et contournent le Djebel Chaïf ; mais ils n'y prennent point naissance, et n'y reçoivent non plus aucun accroissement.

Ce sont :

1o L'*oued Malah*, formé de l'*oued Elhammam* et de l'*oued Melbane*, descendu du Titteri. L'oued Malah s'appelle plus bas *oued Isser ;* on sait que sous cette dénomination il suit les territoires kabyles en les délimitant à l'Ouest et qu'il se jette dans la mer près du Cap Djinet. L'oued Elhammam vient des environs de Berrouaguia, comme je l'ai dit déjà, et les premières sources que l'on rencontre dans sa vallée, du côté de ce petit centre, sont les sources sulfureuses thermales dites *Hammam Berrouaguia* (1). J'appellerai l'oued Malah dont il

____

(1) *Oued Malah* واد ملاح, *rivière salée.*

Oued Elhammam واد الكمام, *la rivière des eaux thermales.*

Oued Isser واد يسر.

Les eaux thermales dont il s'agit dans le texte se trouvent à trois kilomètres environ de Berrouaguia, sur la piste ou route muletière qui conduit à Souq Elkhemis, dans la plaine des Beni-Slimann. Les sources jaillissent au pied du Djebel Sabbah, dans des excavations naturelles peu profondes. Ces excavations ont été pavées, voûtées et fermées à l'entrée par un mur avec porte ; l'eau s'y accumule jusqu'à une hauteur suffisante pour qu'on puisse s'y baigner. Cette eau dégage une forte odeur d'œufs pourris et elle est très chaude.

Autour des sources, sur les bords du ravin où elles se déversent, le propriétaire du terrain, un indigène, a bâti un café maure, et quelques maisons d'une structure sommaire, partagées en chambres qu'il loue aux baigneurs. Il paraît qu'il est aussi propriétaire des sources, chose anormale en Algérie où les eaux appartiennent à l'Etat. Le Hammam de Berrouaguia est fréquenté par quelques européens ; il jouit d'une grande réputation chez les indigènes de la province d'Alger. On s'y rend de fort loin, et ses vertus curatives seraient innombrables, si l'on en croyait les arabes. Ceux-ci le considèrent comme sacré, ainsi que toutes les eaux thermales, dont ils ne s'expliquent pas la production.

s'agit *oued Isser-Malah* pour éviter de le confondre avec d'autres cours d'eau (1).

2o L'oued *Yagoune Malah* (oued Yagoune dans sa partie supérieure, oued Malah dans sa partie inférieure) venu de la zone déprimée qui marque la séparation du Dira et du Titteri. L'oued Yagoune Malah va se jeter dans l'oued Isser, au pied Nord du Djebel Chaïf (2).

3o L'*oued Zar'oua*, qui descend du Dira et qui rencontre l'oued Yagoune-Malah contre le pied de la falaise orientale du Djebel Chaïf (3).

Tous trois servent de réceptacle aux eaux de nombreux ravins dans la partie supérieure de leur cours, tant qu'ils n'ont pas quitté les pentes de la zone montagneuse où ils prennent naissance. Dans la plaine, ils ne reçoivent que des tributaires insignifiants, nés au pied des hauteurs ; du Djebel Chaïf leur arrive, en temps d'orage seulement, les eaux d'un système de ravins très compliqué, complètement à sec en d'autres moments. Enfin quelques ruisselets sans importance descendent à leur rencontre du haut de l'Atlas de Tablatt. Seuls trois affluents de l'oued Isser Malah méritent d'être cités ; ce sont l'oued Elhammám ou oued *Elanaceur*, l'oued *Eladrate*, venus de l'Atlas de Tablatt, et l'oued *Besbes*, venu du plateau de Médéa. Dans la partie inférieure de leurs cours, la seule qui nous intéresse, ils présentent un lit très plat et dépourvu d'arbres, encadré par des falaises oligocènes ; ce lit, large d'environ cent mètres, est occupé par un petit ruisseau d'un débit a peu près constant, beaucoup moins torrentiel en tous cas que les rivières précédentes et au cours beaucoup plus calme (4).

----

(1) Les oueds Malah sont fréquents dans la région. On en trouve aussi dans les montagnes de Berrouáguia et dans le Titteri.

(2) Par *montagnes du Titteri* j'entends la petite chaîne tertiaire qui, de Bogari, va jusqu'à Sidi Aïssa (sur la route d'Aumâle à Bou-Saâda), en se dirigeant Ouest-Est avec une légère inflexion vers le Sud. Cette petite chaîne est limitée au Sud par les steppes, à l'Ouest par la percée du Chéliff ou trouée de Bogar, au Nord par la vallée de l'oued Elbakerim à l'Est par la dépression de l'oued Yagoune. J'ai cru devoir préciser le sens que j'attache au nom de *montagnes du Titteri*, car ce n'est pas tout à fait celui qu'on lui donne habituellement ; on confond généralement, sous cette dénomination, à tort je crois, le plateau de Médéa, les monts de Berrouaguia et les montagnes de Bogari. L'interprétation que j'adopte est celle de M. Ficheur.

(3) *Oued Zaroua* وأد زغوة. On trouve en Algérie et ailleurs (voir Qamous de Firouzabadi) des noms de lieu appartenant à la même racine *Zar'a* زغ ; mais je ne sais quel sens au juste leur attribuer.

(4). *Oued Elanaceur* واد العناصر, *la rivière aux sources.*
Oued Eladrate واد العذراء, *la rivière aux vierges.*
Oued Besbes ou oued Elbesbes واد البسباس, *la rivière du fenouil.*

L'oued Isser Malah, l'oued Zergoune Malah et l'oued Zar'oua se ressemblent d'ailleurs en tout. Nés comme nous venons de le voir, dans les montagnes au Sud de la plaine des Beni-Slimann, ils traversent ensuite celle-ci dans sa largeur, un peu obliques sur son grand axe. Ils sont alors encaissés entre des berges à pic hautes de 5 à 10 mètres. Ces petites falaises sont formées à leur partie supérieure de sédiments quaternaires plus ou moins caillouteux ; à leur base apparaissent les argiles schisteuses du Gault, auxquelles des bancs de quartzites intercalés donnent une cohésion suffisante pour leur permettre de se maintenir en parois verticales ou en pentes très raides, tant que la hauteur n'est pas trop considérable.

Puis les rivières que j'ai nommées pénètrent au travers des collines et des montagnes au Nord de la plaine, les franchissant perpendiculairement à leur direction ou à peu près, constamment resserrées dans des gorges étroites, bordées de falaises ou de pentes très raides qui leur communiquent un aspect fort pittoresque.

Réunies enfin pour former l'Isser, leurs eaux continuent à se frayer un passage tortueux au milieu des hauteurs accumulées dans les environs de Tablatt, toujours dominées par leurs cimes et coulant dans des vallées profondes, jusqu'à ce qu'elles atteignent l'extrémité de l'Atlas de Tablatt ; elles se heurtent alors à la grande masse du Djurdjura, qui les rejette vers le Nord-Ouest, et elles s'engouffrent dans les Gorges de Palestro.

L'unité de caractère que nous venons de reconnaître dans ces rivières au point de vue de leur trajet, de leur direction, nous le retrouverons encore chez elles si nous examinons la nature de leurs eaux et celle de leur débit.

Débit des rivières. — Celui-ci est essentiellement irrégulier, et cela se conçoit, étant donné le manque de sources ou leur peu d'importance. En hiver, à la suite des chutes de neiges ou de pluie qui se produisent fréquemment sur les hauteurs avec une intensité et une soudaineté remarquables, l'oued Malah, l'oued Zar'oua, l'Isser, roulent des eaux tumultueuses et troubles ; ce sont alors de dangereux torrents, dont le débit, essentiellement instable, peut varier d'heure en heure. Des crues subites viennent-elles à les gonfler, dans leurs lits les flots se heurtent sur une largeur qui atteint et dépasse même parfois 100 mètres, roulant troncs d'arbres, cailloux et blocs de rochers. Il n'est pas prudent alors de les traverser, car la violence du courant et les remous qui se produisent modifient à chaque instant la nature des fonds, créant des trous profonds là où la veille se trouvaït un gué facile, jetant ailleurs des bancs de sable ou amoncelant des nappes de cailloux et des blocs sur lesquels on trébuche sans les voir à la place où se trouvait auparavant un fond uni facile à la marche. Mais à moins que les pluies ne se prolongent beaucoup ou que les neiges ne soient très abondantes, ces crues si dangereuses n'ont qu'une courte durée. Les rivières reprennent bientôt un cours plus calme ; tout en conservant une belle et large nappe d'eau, elles deviennent guéables à peu près partout. Enfin, quand les chaleurs de l'été se font sentir, il ne coule plus dans leur lit encombré de débris qu'un mince filet d'eau, tout au plus capable de désaltérer les tamarix et les lauriers roses qui en parsèment les rives.

Qualité des eaux. — On conçoit qu'avec un régime de ce genre la qualité des eaux puisse varier beaucoup suivant le temps et les saisons. C'est pourquoi il est impossible de l'indiquer avec précision, d'autant que, à ma connaissance, aucun essai d'analyse n'en a jamais été fait. On peut dire simplement que ces eaux sont épouvantablement troubles et limoneuses en hiver, en temps de crue ; et toujours très chargées de matières minérales, mais plus particulièrement en été, alors que le débit se réduit à son minimum. Les noms portés par ces rivières suffiraient seuls à l'indiquer d'ailleurs ; *oued Malah* veut dire *rivière salée*, et ce sont en effet des eaux toujours plus ou moins salines que roulent les torrents à leur arrivée dans la plaine des Beni-Slimann. Cela tient à ce que l'Atlas Tellien est parsemé de nombreux îlots, considérés aujourd'hui comme triasiques, dans lesquels abondent les marnes salées et le sel gemme. Il y en a plusieurs aux alentours de la plaine, mais aucun d'assez important pour mériter une mention particulière.

Les eaux de sources, par contre, sont bonnes ; mais elles sont si peu abondantes qu'elles ne comptent pour ainsi dire pas.

Ces eaux de rivière, de si médiocre qualité, sont cependant presque la seule ressource des habitants de la plaine en toute saison, vu la rareté des sources, et la seule dans le Djebel Chaïf, pendant les sept à huit mois de l'année qui correspondent à la saison sèche.

La pente d'aucune des rivières que j'ai citées n'est bien forte ; dans la portion de leur cours qui nous occupe, elle ne dépasse guère 0^m001 à 0^m002 par mètre. Aussi en sont-elles à la période indécise de divagation, n'ayant pas encore atteint celle de régime et ayant dépassé la période torrentielle proprement dite, ainsi qu'en témoignent les nombreux coudes brusques qu'elles dessinent et la continuité des fausses berges qui les bordent. Elles n'érodent plus qu'en temps de crue, et ce sont alors les éperons qui s'avancent à chaque coude au devant de l'axe des biefs qui ont à souffrir de la violence des eaux ; elles s'éboulent par places ; leurs débris chargent le courant, et se déposent ensuite quand celui-ci diminue. Il n'y a donc plus aujourd'hui de leur part de travail continu, mais seulement une action rendue intermitente par l'irrégularité du débit.

Anciens cours d'eau. — La direction des rivières qui traversent la plaine des Beni-Slimann (on ne peut dire qui l'arrosent), est, je l'ai montrée, transversale à celle des plissements orogéniques. Il n'a pas dû en être toujours ainsi, et il est probable au contraire, qu'aux dernières époques géologiques les cours d'eau principaux étaient dirigés suivant le grand axe de la plaine, et qu'ils coulaient au fond des plis synclinaux. Le plus important constituait alors sans doute la partie supérieure d'un fleuve, dont la partie inférieure subsiste seule aujourd'hui, sous le nom d'oued Sahel. Mais l'opinion que j'avance a besoin, avant d'être définitivement établie, d'être appuyée par de nouvelles observations sur le terrain. Ces observations permettront d'en établir le bien fondé, ainsi que de déterminer dans quelles conditions a pu se faire la modification du tracé des cours d'eau depuis les dernières périodes géologiques jusqu'à nos jours.

§ IV. — CLIMAT

Climat. — Le climat de la plaine des Beni-Slimann n'a jamais été étudié, même *grosso modo*, est-il besoin de le dire. Aussi n'avons-nous à son sujet que des idées tout à fait générales. Aucune donnée sur les valeurs de la température ; on peut dire seulement qu'il y fait chaud en été, plus chaud que dans les montagnes d'alentour, probablement plus chaud aussi que dans la basse vallée de l'oued Sahel, que viennent tempérer les effluves marines. Pendant l'hiver, par contre, il y fait évidemment moins froid que sur les hauteurs voisines, mais plus que dans la vallée de l'oued Sahel, précisément à cause de l'éloignement de la mer. En somme le climat tend à prendre des allures assez franchement continentales ; c'est ce que les indigènes du pays expriment en disant que leur terre « sent le Sud ». Et cette tendance se traduit encore par une sécheresse assez prononcée déjà de l'atmosphère en même temps que par la médiocre quantité des précipitations pluviales. Rien de plus naturel ; on sait qu'il en est toujours ainsi dans une plaine entourée d'un cercle de hauteurs puisque les pluies tombent de préférence sur ces dernières. Mais ici d'autres circonstances accusent encore le phénomène. Les vents susceptibles d'amener des pluies sont ceux du Nord-Ouest ; or, avant d'arriver sur la plaine des Beni-Slimann, ils rencontrent le chaînon dit « Monts de Tablatt » qui les arrête à son profit. C'est au delà de la plaine seulement que ces vents se trouvent arrêtés par les monts de Berrouaguia et par le Dira, sur lesquels ils déversent à nouveau leurs ondées bienfaisantes. Un peu plus à l'Est, aux environs de Bir-Rabalou, des Trembles, la plaine des Aribe bénéficie de l'existence à son Nord-Ouest d'une sorte de dépression, d'un abaissement des cimes qui permet aux brises de mer d'arriver jusqu'à elle, en formant un courant dont la rive gauche suit les gorges de Palestro et qui frôle les contreforts occidents du Djurdjura.

Mais au Sud-Est de celui-ci se développe une nouvelle région sèche, la plaine du Hamza, séparée de la mer par son formidable écran qui retient à son profit l'humidité des vents marins, Puis, plus à l'Est encore, ceux-ci pénètrent par la baie largement ouverte de Bougie et leur heureuse influence se fait de nouveau sentir dans la basse plaine de l'oued-Sahel ; déjà d'ailleurs dans ces parages les vents du Nord-Est commencent à servir de véhicules aux pluies, comme ils le font dans toutes la portion orientale de l'Algérie et plus encore en Tunisie.

La neige, abondante sur les hauteurs en hiver, paraît rare dans la plaine des Beni-Slimann ; quant aux vents, nous ne savons rien sur leur régime et il est impossible d'indiquer quels sont ceux qui dominent.

§ V. — FLORE ET FAUNE

Végétation. — Si la région dont j'entretiens le lecteur n'a pas une étendue suffisante pour se partager en zones botaniques, elle a du moins ses peuplements végétaux bien nettement déterminés.

Le Djebel Chaïf était autrefois entièrement boisé ; on y voit encore des restes de forêts, importantes par leur étendue ainsi que par la taille des arbres qui les composent. Ces arbres sont des pins d'Alep, et quelques autres conifères moins abondants, genévriers et thuyas ; mais en nombre de points, sous leur couvert, des broussailles de lentisques, de phylarias, de genêts, de ronces, de chèvre-feuilles et de clématites, forment d'inextricables halliers, repaire des grands fauves. Entre les cantons boisés, dans les espaces découverts, les indigènes ont établi leurs habitations et leurs cultures, et en dehors

des points qu'ils occupent s'étendent de vastes landes caillouteuses, pleines de cistes, de lavandes, de romarins et de globulaires. Des broussailles de chènes kermès revêtent sur les bords orientaux du Djebel Chaïf, quelques îlots de cénomanien. Elles se développent surtout près de Mezoubia.

Le pin d'Alep couvre encore les mamelons qui bordent l'oued Isser Malah sur sa rive droite en le séparant de la plaine des Beni-Slimann proprement dite. Il y forme des bois d'un accès très difficile, coupés de grandes clairières.

Dans la plaine les champs labourés alternent avec les jachères et les maquis de lentisques où paissent des troupeaux de moutons, de bœufs et de chèvres ; on y aperçoit, de loin en loin , quelques arbres isolés, à la cime arrondie, au tronc droit, gros et court, qui se dressent au-dessus des buissons et qui ombragent souvent la tombe d'un marabout ou bien un cimetière indigène. C'est à cette circonstance qu'ils doivent d'avoir été respectés lors des défrichements et d'avoir pu grandir. Ce sont des lentisques arborescents, des genévriers de Phénicie, des genévriers oxycèdres, quelquefois des oliviers sauvages, témoin de l'ancienne extension des forêts. C'est près de la goubba de Sidi Elhabechi et de Souq Elarbaâ qu'on les rencontre en plus grand nombre.

Une forme spéciale d'olivier, l'olivier à feuilles de buis *oléa buxifolia* pousse en touffes rabougries un peu partout dans les mauvais terrains. Les oliviers sauvages se voient un peu partout, à la lisière des bois ou même dans ceux-ci quand ils ne sont pas trop touffus. S'ils étaient greffés ils pourraient être une source importante de revenus pour les indigènes.

Le palmier nain apparaît un instant au pied des contreforts du Djebel Chaïf, en bordure de la plaine, et à 5 ou 6 kilomètres environ de Sidi Elhabechi. Mais c'est un îlot sans importance et la planté disparaît bientot, remplacée par des jujubiers qui deviennent très nombreux et très beaux du côté de Souq Elkhemis.

Le jujubier s'étend de là jusqu'au marché des Beni Bou Yagoub en allant vers l'Ouest, et il prospère surtout dans le quarternaire des plaines, ou sur les parties de l'oligocéne qui, perdant peu à peu leur caractère caillouteux, prennent de plus en plus au fur et à mesure que l'on marche vers l'Ouest, l'aspect sablo-gréseux que ce terrain offre dans le bassin de Médéa.

Enfin, au Sud-Ouest de Souq Elkhemis, poussent des pistachiers de l'Atlas, espacés les uns des autres comme les arbres d'un parc ; ils embellissent le fond des vallonnements auxquels ils communiquent l'aspect de véritables jardins. Ces beaux arbres se retrouvent plus à l'Est, au bord de la plaine des Aribe, à côté de la route nationale d'Alger à Bou-Saâda. Il y a là une maison cantonnière que l'on appelle communément *Les Fresnes*, parce qu'il s'y trouve un bouquet de pistachiers que les premiers européens qui les virent prirent pour des frênes. En arabe cet endroit est dit *Elbatlam*, du nom arabe du pistachier de l'Atlas qui est Betom.

Le Khorchef (artichaut sauvage) pousse un peu partout mais surtout dans la plaine et aux abords du plateau de Médéa.

Les lauriers roses sont très abondants partout dans le lit des torrents ; leurs touffes s'y mêlent aux phylarias, aux lentisques et à quelques pieds de genévriers.

Les collines qui servent d'intermédiaire entre les différentes parties du relief et qui sont comprises entre les maisons forestières d'Elouzana et Souq Elkhemis sont analogues à tout point de vue au Djebel Chaïf. Elles sont en partie défrichées et occupées par des cultures de céréales, en parties boisées encore, en partie couvertes aussi de maquis de lentisques, que l'on rencontre surtout là où l'abondance des cailloux dans le sol a rendu les labours impossibles. Les boisements y sont uniquement composés de résineux, pins d'Alep genévrier oxycèdres ou de Phénicie, thuyas, et d'ailleurs en médiocre état. Ils constituent les forêts communales, tandis que, de ce côté de l'Isser Malah, les forêts de l'Etat, plus belles et plus denses, sont à peu près exclusivement étendues en terrain crétacé.

La portion de l'Atlas de Tablatt qui avoisine l'Isser Malah offre un aspect assez différent. Les forêts y sont plus épaisses, plus étendues, moins broussailleuses toutefois que dans le Djebel Chaïf. Dans le cénomanien elles sont constituées par le pin, le génévrier et le thuya, qui se plaisent dans les calcaires argileux assez secs de cette formation. Des viornes, appelées *Grite* (1) dans le pays, et des cytises, qu'on y appelle *timéchrirate* (2), se mêlent sous leur ombrage. Dans le gault apparaît le chêne vert ; cet arbre y prospère d'une façon remarquable il parait aimer le voisinage des quartzites qui se mêlent aux marnes et prendre dans ces conditions un beau développement. Dans le Gault encore, on trouve sur les pentes et dans le fond des vallons de magnifiques amandiers sauvages ; ces arbres sont un des plus beaux ornements du pays ; ils se mêlent heureusement d'ailleurs à d'autres arbres fruitiers, cerisiers surtout, que l'on rencontre en abondance

---

(1) قريط

(2) تمشعرات

dans les véritables vergers que les indigènes ont créés depuis peu autour de leurs habitations, et où l'on rencontre encore des figuiers de Barbarie récemment plantés. Cerisiers et amandiers se retrouvent aussi en forêt à l'état sauvage.

La végétation est la même ailleurs, dans les montagnes qui bordent la plaine, soit au Nord, soit au Sud ; on rencontre les pins en groupements plus ou moins denses là où s'étendent les calcaires cénomaniens ; des broussailles de lentisques, d'oliviers sauvages, de cistes, de lavandes et de romarins dans les terrains oligocènes ; quelques broussailles moins épaisses, avec des thuyas et quelques genévriers, sur les marnes du Sémonien, et des chênes verts dès qu'apparaissent les argiles et les quartzites du Gault ou les grès quartziteux du Néocomien.

Les bois manquent complétement par contre à l'Ouest de la plaine sur les pentes du plateau de Médéa ; mais les cultures y prennent une belle extension, et de grands arbres, tels que les peupliers, marquent d'un rideau le fond sinueux des ravins où se développent aussi de belles prairies arrosées par des ruisseaux. L'eau abonde partout. Dans les terres incultes on voit apparaître en grande quantité une plante dont pas un seul échantillon ne se trouve ailleurs dans la région qui nous occupe, et qui devient au contraire de plus en plus commune au fur et à mesure que l'on approche des parties élevées du plateau. C'est le garou (en arabe Lazzaz لزّاز), plante peu importante par elle-même, mais qui, grâce au grand nombre d'individus que l'on en rencontre, joue son rôle dans la végétation et ne peut manquer d'attirer les regards. Le *lycium* (arabe Aoucedj, عوسج) fait son apparition en même temps que le Lazzaz. Il forme des haies touffus autour des habitations indigènes et semble annoncer une région moins chaude, mieux arrosée, plus propice aux cultures.

Toutes les plantes que je viens de citer appartiennent à la flore franchement méditerranéenne, et aucune des espèces que l'on rencontre en grand nombre dans le pays n'offre d'intérêt spécial. Partout elles prennent un développement suffisant, ce qui marque qu'elles se trouvent bien dans leur milieu et qu'elles n'ont point à souffrir des écarts d'un climat qui ne serait point absolument fait pour elles.

Faune. — La faune du pays n'offrirait pas d'intérêt spécial si elle ne comptait encore quelques représentants de grands carnassiers. On trouve quelques lions de loin en loin au plus épais des fourrés du

Djebel Chaïf, et les panthères n'y sont pas rares. Mais les fauves d'une dimension moindre, hyènes, chacals, chats sauvages, renards, mangoustes abondent. Les seconds sont si nombreux qu'il arrive parfois, la nuit, que, leur audace croissant avec leur faim et l'obscurité aidant, ils s'attachent aux pas des voyageurs isolés et menacent de les attaquer. Néanmoins ce qui subsiste de tous ces animaux n'est rien auprès de ce qu'il en était autrefois, alors que le Djebel Chaïf entièrement boisé était pour eux un repaire sûr et isolé.

Mais le gibier par contre s'y trouve encore en grande abondance. Lièvres, lapins, perdrix, pigeons, tourterelles et colombes s'y lèvent à chaque instant devant le promeneur, tant au milieu des fourrés et des maquis que sous le couvert des forêts. Et pourtant les indigènes du pays leur font une guerre active, malgré la surveillance rigoureuse dont ils sont l'objet. C'est que, s'ils sont médiocres amateurs de gibiers, et c'est pour cela qu'iils chassaient peu autrefois, en revanche ils sont presque les seuls pourvoyeurs du marché d'Alger, où ils sont toujours sûrs d'écouler le produits de leurs rapines. Les sangliers sont très communs ; c'est de leur chair que se nourrissent surtout les panthères.

Les rapaces, aigles, buses, milans, faucons ne sont pas rares. Deux jolis oiseaux enfin, le rollier, vulgairement geai bleu, et le guêpier, vulgairement chasseur d'Afrique, y font l'ornement des fourrés.

§ VI. —

Aspect. — Quelques mots sur l'aspect de la contrée, au point de vue purement pittoresque, achèveront maintenant la description de la plaine des Beni-Slimann et de ses abords. Ce n'est pas un pays d'une grande beauté, mais c'est une région agréable, où les sites tantôt gracieux, tantôt sévères, se succèdent à propos, et où la variété des paysages ne laisse jamais place à la monotonie. Le Djebel Chaïf doit à la couleur rouge de ses terres, aux tons chauds de ses escarpements, une partie de son attrait, qu'augmentent encore la continuelle alternance de ses plateaux étalés en larges tables, de ses ravins encombrés de taillis, où la vue s'arrête à quelques pas, de ses forêts épaisses, de ses landes broussailleuses ou de ses terres dénudées, d'où l'on découvre au loin de grandes étendues bornées par la ligne sinueuse des montagnes. Le revers méridional de l'Atlas de Tablatt est agréablement varié par le mélange de ses forêts de pins et de chênes, couvrant ses contreforts d'un manteau de verdure, tandis que dans les ravins, dans les cirques, dans les vallées de frais ruisseaux coulent sous les lauriers roses, et tandis que se groupent autour des gourbis arabes amandiers et cerisiers. Les faibles ondulations de la plaine des Beni-Slimann contrastent avec les pentes rapides d'alentour et l'œil y découvre avec agrément, tantôt des landes sauvages où paissent des troupeaux, tantôt des terres de cultures couvertes de moissons ou sillonnées par des charrues.

Mais les plus jolis endroits sont sans contredit les gorges souvent étroites qui servent de passage aux rivières au sortir de la plaine. Elles offrent des sites pittoresques dont l'attrait est doublé par l'isolement dont on y jouit. Des falaises rouges ou grises les bordent, couronnées elles-mêmes de forêts, tandis qu'à leurs pieds s'étendent de fausses berges cailouteuses pleines de lentisques et de lauriers roses en bouquets isolés. Au milieu du lit du torrent l'eau court en bouillonnant sur les cailloux et les rocs. Les nombreux détours de la rivière, la multiplicité des cordes de la gorge, à chacun desquels un éperon du la montagne vient baigner sa base dans les eaux murmurantes, restreignent la vue, mais donnent en revanche au paysage un caractère tout intime qui fait perdre le sentiment des distances : on marche en suivant le fil de l'eau, reposant sa vue sur des accidents sans cesse variés quoique offrant toujours le même caractère, et, sans se douter du chemin que l'on fait, on peut se croire bien loin du monde habité.

DEUXIÈME PARTIE

§ II. — ÉCONOMIE RÉGIONALE [1]

1º Les voies de communication. — Des sentiers nombreux, praticables aux piétons et aux mulets, monture favorite des Beni-Slimann, sillonnent le pays dans tous les sens ; mais ils ne sont pas toujours commodes, surtout par le mauvais temps. En montagne, ils offrent une suite ininterrompue de pentes et de rampes ardues, car ils sont autant que possible tracés en ligne droite.

L'un d'eux est particulièrement bien marqué ; partant de Souq Elethnine il coupe au travers de la montagne au milieu des forêts et descend en droite ligne sur Rovigo ; c'est le *Triq Eljellaba*, la *route des maquignons*, ainsi appelé parce qu'il est suivi par les maquignons revenant avec leurs troupeaux de Bou-Saada, de Sidi-Aïssa ou des Ouled Alane de Bogar. C'est pour eux la voie la plus courte ; elle offre en même temps l'avantage de les maintenir loin des villages et des cultures des européens, sources continuelles de discussions et de procès.

Quelques chemins plus perfectionnés ont été tracés par l'Administration forestière, par la Voirie, par les Ponts-et-Chaussées. D'autres sont en cours d'exécution, et la plupart sont de date récente. C'est, en première ligne, la route nationale d'Alger à Bou-Saada, par Tablatt et Aumale, dans l'Est de la région [2]. Elle est ferrée, entretenue, suivie par une diligence qui va d'Alger à Aumale. Puis des chemins comme ceux de Tablatt à Souq Elethnine, à Souq

---

(1) Voir 1e partie dans le *Bulletin* du 4·· trimestre 1900.

M. Joly, ayant été obligé de s'absenter d'Alger pendant près de deux ans, n'avait pas pu nous donner la suite de son étude. Revenu à Alger, il nous a remis les deux dernières parties de son remarquable travail : la Rédaction est heureuse de les publier et d'y joindre la reproduction de coupes géologiques de la plaine des Beni-Slimann.

(2) Déjà ancienne.

Elkremis, etc., qui ne sont ni ferrés ni régulièrement entretenus et où les ouvrages d'art n'existent pas toujours non plus, au moins à l'état définitif, mais qui, tels quels, rendent de grands services et suffisent à peu près aux besoins actuels.

Il y a cependant encore certains coins de pays très boisés et très ravinés où la circulation est vraiment difficile.

Il ne faut pas s'engager aveuglément en temps d'orage dans le pays, car on pourrait se voir arrêté par les crues des torrents et demeurer coupé de toutes communications. Il y a deux à trois ans, les indigènes n'aimaient pas non plus à parcourir la nuit les sentiers du Djebel Chaïf, parce que des lions y avaient élu domicile. Ils révélaient leur présence par des rapts d'animaux domestiques effectués nuitamment. C'est la partie de l'Atlas comprise entre Blida et Tablatt, très sauvage, très tourmentée, puis, dans le Djebel Chaïf, les inextricables halliers de *Dréa Flouosle*, qui paraissent leur dernier asile.

2. Agriculture. — La culture des céréales est pratiquée dans toute la région ; souvent aussi, on trouve autour des habitations, tantôt quelque carré de légumes, tantôt quelque verger d'arbres fruitiers. En plaine, le premier genre de culture se fait sur une plus grande échelle ; dans l'Atlas, à la bordure de la région, l'espace est limité par les forêts ; en même temps la difficulté de labourer sur les fortes pentes et l'abondance des sources, propres à l'irrigation rendent la petite culture plus courante. Quant au Djebel Chaïf, on y rencontre, dans les parties défrichées, beaucoup de céréales, mais rien autre, sauf à Elgnetateuch et en quelques rares autres points. où les habitants font quelques cultures potagères ; encore sèment-ils surtout des plantes de printemps ou d'automne, poussant par conséquent dans les deux saisons pluvieuses par excellence. Les barrages et les citernes établis en ces lieux sur le cours des ravins fournissent aux plantations, au moment où la sécheresse s'annonce et avant la période des grandes chaleurs, le complément d'eau indispensable. Partout d'ailleurs les indigènes ont su profiter de la proximité des sources et des ruisseaux pour les dériver en partie jusque sur les cultures, au moyen de petit canaux sommairement tracés à coups de pioche ; et c'est toujours, de même dans le but d'utiliser les eaux courantes qu'ils établissent leurs jardins ou leurs vergers dans les alluvions des rivières, au bord du lit, chaque fois qu'ils peuvent le faire sans trop courir le risque de les voir emportés par les crues.

La terre arable varie naturellement suivant le sous-sol ; tandis que dans l'Atlas elle est noire, légère, formée par la décomposition superficielle des calcaires et des marnes du crétacé, ainsi que par l'accumulation des débris d'arbres ; tandis que de ce côté l'existence de calcaires, soit en bancs (cénomanien), soit en plaquettes (sénonien), et celle des grès (albien) y contribuent encore, avec l'existence de sources nombreuses, à favoriser la végétation des arbres fruitiers ; dans les marnes oligocènes du Djebel Chaïf, elle est au contraire lourde, argileuse, se transformant en boue lorsqu'il pleut pour devenr ensuite aussi dure que la brique quand les chaleurs commencent. Les céréales y poussent néanmoins, mais avec difficulté si l'année est sèche. Aux approches du plateau de Médéa les terres sont plus meubles, parce qu'elles se mêlent déjà d'une assez forte proportion de sable, provenant du démantellement des grès miocènes qui paraissent avoir autrefois recouvert de ce côté l'oligocène comme ils le recouvrent encore dans le plateau lui-même. Mais les meilleures de toutes seraient les alluvions de la plaine, si malheureusement elles n'étaient encombrées d'une quantité prodigieuse de cailloux de toutes dimensions, qui rendent les labours très pénibles. Malheureusement aussi on y trouve partout, à une profondeur variable, mais toujours faible, une croûte de tuf appelée Gueçaa (قصّة) dans le pays, sérieuse entrave à la croisance des plantes. Les lits de rivières eux-mêmes sont de valeur très inégale ; tantôt la térre qui les recouvre est un excellent limon jaunâtre ; mais plus souvent elle est caillouteuse ou trop sableuse, et bonne au plus pour l'orge et les plantes peu exigeantes.

A ces conditions, peu propres à faciliter la mise en valeur du pays par la culture, viennent s'ajouter les entraves qui naissent du climat. Comme dans une trop grande partie du Tell, la mauvaise répartition des pluies, leur surabondance par moments, leur rareté ou leur manque absolu dans d'autres, les écarts de la température et ses variations brusques, les souffles inopinés du sirocco, compromettent souvent les récoltes ou même les font manquer. C'est ici le lieu de rappeler le mot des indigènes, que j'ai rapporté dans la première partie de ce travail : « *La terre des Beni Slimann sent le Sud et elle pleure pour avoir de l'eau* ». Cela est vrai surtout pour la plaine, et, dans la plaine, pour les environs de *Souq Lethnine* où les tufs et les calcaires pliocènes prennent une grande extension. Là, c'est déjà presque la culture à la grâce de Dieu, comme dans les steppes ; et les indigènes ont encore une expression énergique pour dépeindre ce fâcheux état de choses ; ils disent que ces terres *sèchent à la lune*, c'est-à-dire qu'elles se dessèchent pour peu que le ciel soit pur, grâce à l'intensité de l'évaporation atmosphérique, sans même que le soleil s'en mêle. Aussi voit-on de ce côté, et sur les premières pentes de la chaîne du Dira, les landes caillouteuses propres à la vaine pâture occuper une place prépondérante.

Il parait malaisé de lutter contre ses défauts du sol et du climat autrement qu'en réduisant le plus possible les frais d'exploitation, en s'armant de patience, et en se résignant à n'avoir jamais que des gains médiocres pour n'avoir aussi que des pertes supportables. C'est ce que fait l'indigène, agissant par une intuition juste des conditions où il se trouve placé vis-à-vis de la nature ; l'intuition qui résulte probablement d'une façon implicite de l'expérience des ancêtres, transmise par atavisme, peut-être au moins autant que par suite de la routine et de la paresse qu'on lui reproche si souvent. Il est bien vrai que les procédés de culture européens sont préférables en thèse générale ; mais quelquefois, et c'est ici le cas, je crois, ils pourraient n'avoir d'autres effets que de grever beaucoup les frais généraux, sans assurer, dans une proportion correspondante, l'amélioration des résultats, puisque, si l'eau du ciel vient à manquer, il est bien indifférent d'avoir fait un ou plusieurs labours, et d'avoir employé telle ou telle charrue. Le grain ne germera pas dans tous les cas.

On peut se demander encore s'il faut reprocher aux indigènes de laisser des buissons de lentisques dans leurs champs, ou seulement d'en laisser trop. Tant que le nombre n'en est pas exagéré, ils ont peut-être leur utilité ; ne diminuent-ils pas le ravinement si rapide avec les ondées torrentielles d'Algérie ? N'offrent-ils pas un asile aux oiseaux insectivores ? un abri au gibier, aliment et objet de trafic ? un peu d'ombre aux moissonneurs en été ? du bois en hiver ? Ne sont-ils pas un centre d'attraction pour les rosées dont l'abondance supplée dans une certaine mesure à l'insuffisance des pluies ? et ne jouent-ils pas un rôle bienfaisant vis-à-vis des plantes cultivées, en les protégeant, comme autant d'écrans, de l'action maléficieuse des vents, du sirocco, du rayonnement nocturne ? Et s'il est vrai qu'il en soit ainsi, la perte de place qu'ils occasionnent est peut-être amplement compensée ?

Il faut bien s'en convaincre, il ne s'agit pas pour l'indigène de faire une exploitation intensive qui l'enrichira, mais de subsister en tirant d'un sol ingrat le peu qu'il est sage de lui demander, si on ne veut l'épuiser ; de réduire, en un mot, ses besoins pour harmoniser son existence avec les conditions que lui impose une nature revêche.

Je ne blâme également qu'à demi celui qui laisse subsister dans son champ l'artichaut sauvage, le khorchef, que l'européen au contraire s'empresse de détruire. Outre que c'est un aliment délicat très utile dans les années mauvaises, sa vente, dans les villes et les villages, est encore une petite source de revenus, sinon toujours pour le propriétaire du champ, au moins pour les voisins indigents. Il faudrait peut-être seulement en laisser moins.

Je n'ai vu nulle part chez les Béni-Slimann pratiquer la fumure des terres cultivées en céréales, fût-ce même par simple paccage, comme cela se fait ailleurs La seule matière capable de restituer au sol une très faible partie des sels qu'il a perdus, ce sont les cendres provenant des branches d'arbres et de buissons surabondants brûlés sur place pendant les labours et plus ou moins dispersés par le vent à la surface des champs. Mais, ce faisant, les indigènes ne paraissent avoir en vue que de s'en débarrasser. Cependant ils n'ignorent pas les avantages du fumier, car ils l'emploient, au moins depuis quelques années, aux cultures potagères ; mais je leur ai entendu dire, ainsi qu'à bien des européens, vivant dans des régions sèches, que le fumier sans eau brûlait la terre ; ils veulent dire sans doute qu'il n'offre d'avantages que pour les terres bien arrosées. J'ajoute enfin qu'il serait bien difficile aux Beni-Slimann de s'en procurer suffisamment pour toutes leurs cultures, car le bétail qui seul peut le fournir est insuffisant, et la rareté des pâturages ne paraît pas devoir de sitôt en faciliter la multiplication. Aussi le seul moyen employé pour rendre à la terre une partie de ses vertus est-il la jachère, et il n'y en aura pas d'autres sans doute de longtemps encore, car il n'est pas aisé de modifier le système de mise en valeur d'un pays, et cette modification, si elle se fait, ne pourra jamais être que relative, sous peine de se trouver en contradiction absolue avec les exigences locales.

On sait que le temps des labours varie de durée chez les indigènes d'Algérie suivant les lieux ; ici ils ont lieu d'habitude en automne, dès que les pluies ont ameubli la terre assez pour que le soc puisse l'entamer, mais ils peuvent aussi être retardés, s'il y a nécessité, jusqu'en fin janvier ou à la mi-février. Et la moisson a lieu, néanmoins, à l'époque habituelle. vers la mi-juin. Beaucoup d'indigènes prétendent même que les céréales semées très tard donnent fréquemment de meilleurs résultats ; si la paille en est plus courte. le grain en serait plus plein. C'est possible ; mais labourer tard, dans un pays comme celui-là, c'est risquer son argent sur un coup de dé. Les céréales semées après janvier ont beaucoup plus à redouter la sécheresse que celles qui ont été semées à l'automne ; car, d'une part, c'est au printemps que le manque de pluie se fait le plus ordinairement sentir, et c'est alors que les plantes ont le plus besoin d'eau, les chaleurs d'avril et le sirocco qui souffle souvent en ce mois étant fort à craindre ; d'autre part les plantes tard venues se protègent mal, leur feuillage insuffisant ombrage mal le pied et leurs tissus trop jeunes résistent mal aussi aux influences pernicieuses qui peuvent au contraire affaiblir sans le tuer, des organismes d'un âge plus avancé.

Malgré la sécheresse trop habituelle du pays, et bien qu'il n'y ait dans celui-ci aucun pied d'épine-vinette, le charbon et la carie (en arabe koheïla (كحيلة) font quelquefois des ravages dans les céréales du Djebel-Chaif.

Les maïs (appelé Jabbar, جبار par les Beni-Slimann), le sorgho, le millet sont cultivés aussi sur une petite échelle comme un peu partout. Enfin l'avoine est cultivée aux confins du pays, sur les côteaux de l'Atlas dominant l'Isser, dans les propriétés des fils ds Mahi-Eddine la plus grande famille des Beni-Slimann. Elle est très employée par eux comme fourrage vert.

Les cultures maraîchères ne fournissent presque rien à l'exportation et servent plutôt à l'alimentation sur place des habitants. La fève est le légume le plus commun ; on en trouve des champs en passablement d'endroits, toujours irrigués quand cela est possible. Cependant les fèves se contentent parfois de l'eau des pluies. Elles mûrissent de bonne heure, vers la mi-avril, heureusement ; et néanmoins il leur arrive trop souvent de souffrir de la sécheresse, tout comme les céréales. Les Beni-Slimann disent d'ailleurs que celles-ci *suivent les fèves*, c'est-à-dire se comportent comme elles au cours de leur végétation et donnent les mêmes résultats dans une même année.

Après les fèves, le légume le plus cultivé est le pois-chiche, qui se contente de terres médiocres ; on le sème de février en avril ; cette culture occupe, comme en certains cantons de Kabylie, une assez grande superficie, et ses produits sont une des grandes ressources des indigènes.

Les pommes de terre ne sont guère cultivées — et seulement en petits jardins, — que du côté de Souq-Letnine, car on trouve là des terres légères qui leur conviennent. Elles sont vendues sur les marchés de la région. Viennent ensuite l'oignon, le piment, le navet, les melons, pastèques et citrouilles, si chers aux indigènes que l'on rencontre seulement dans les endroits irrigables, et toujours dans les jardins d'une médiocre étendue.

Les arbres des vergers sont l'amendier, qui d'ailleurs vit à l'état sauvage dans les forêts, et qui réussit très bien ; le pêcher, le cerisier, sur les pentes inférieures de l'Atlas, et le figuier un peu partout. J'ai vu des plantations toutes récentes de cet arbre qui paraît en voie d'extension. Le cactus, dit figuier de barbarie, a été planté depuis quelques années autour de beaucoup d'habitation, et on en plante encore ; on le cultive même en jardins, disposé en rangées parallèles séparées par des avenues. Il donne des fruits, élément important de l'alimentation, quoiqu'il ne joue pas ici un rôle aussi grand que dans la vallée du Chéliff, où il est quelquefois la principale ressource des arabes dans les années mauvaises. Les feuilles de cactus servent aussi à l'alimentation du bétail. Mais l'extension de cet intéressant végétal parait limitée ; chez les Beni-Slimann, en effet, comme dans d'autres régions élevées — Teniet, Bogari, par exemple, — des hivers rigoureux et presque périodiques viennent de temps à autre le détruire complètement. Tout est à recommencer, et on ne peut compter que sur un nombre d'années restreint, où les plantations seront florissantes, avant le retour du fléau. La plante est très précoce ce qui est jusqu'à un certain point une compensation. Les Beni-Slimann en ont deux variétés ; l'une épineuse, appelée par eux *Oum Echchouk* (ام الشوكت) l'autre inerme, dite *Scurti* (سرطى)

Quel que soit d'ailleurs le nombre des vergers aux alentours de la plaine des Beni-Slimann, il est bien moindre que dans l'Atlas de Tablatt, proprement dit, où ils sont presque aussi abondants que dans la Kabylie.

L'olivier, qui existe partout à l'état sauvage dans le pays, n'est nulle part greffé ni cultivé ; il n'en est pas de même dans l'Atlas de Tablatt où les fils de Mahi Eddine ont fait greffer dans leurs propriétés une quantité considérable de sauvageons, sur les pentes qui dominent l'Isser. Les avantages ont été si frappants que beaucoup de Beni-Slimann m'ont déclaré vouloir les imiter.

Outre les Beni-Slimann, les Beni-Amrane, Kabyles des environs de Palestro, labourent aussi sur les bords de la plaine et sur celle des Aribe, qui lui est contiguë, près de Bir Rabalou. Ils viennent de leurs montagnes s'installer par groupes au lieu des labours à l'automne, pendant quelques semaines, puis en été pendant les moissons.

3o Elevage. — Les Beni-Slimann élèvent des moutons et des chèvres, quelques bœufs, quelques chevaux, passablement de mulets et beaucoup d'ânes, je l'ai dit dans la première partie. Il y a peu à ajouter.

On pourrait faire aux Beni-Slimann le même reproche d'imprévoyance qu'aux nomades, mais avec plus de justesse, puisque chez des sédentaires les approvisionnements de fourrage sont plus faciles. N'oublions pas cependant d'une part que la pauvreté du pays ne les facilite pas ; d'autre part que les indigènes ne méritent jamais intégralement les reproches que leur adressent des gens de beaucoup de bonne foi, mais peu au courant des difficultés de la vie en pays arabe. Le manque d'approvisionnements de fourrages n'est presque nulle part absolu ; la paille, et même le foin des prairies naturelles, sont partout soigneusement récoltés et mis en réserve. Seulement ces réserves sont incomplètes et insuffisantes, et les prairies artificielles sont inconnues ; mais est-il bien aisé de les établir ? Ce n'est rien moins que démontré.

On ne saurait blâmer absolument le Beni Slimann de ne couper leurs chaumes qu'à une certaine hauteur au dessus du sol, ni dire, sans restrictions, qu'ils perdent ainsi beaucoup de paille. Car cette paille, ainsi laissée sur place, et consommée par les troupeaux au plein air des champs, leur profite bien plus que si elle leur était donnée à l'étable. D'ailleurs, même pendant l'hiver, il y a beaucoup de journées belles, et par conséquent, d'un bout de l'année à l'autre, le temps pendant lequel le bétail peut pâturer sans danger est bien plus considérable qu'en France ; par suite les réserves sont bien moins nécessaires.

Les pâturages naturels sont médiocres ; quelques prairies permanentes, composées de graminées, se rencontrent dans la partie inférieure de l'*Oued Eladrate* et de l'*Oued Elanaceur ;* elles couvrent les alluvions du lit majeur et sont encaissées entre les falaises des bords. Ailleurs il n'y a que des paturages temporaires; paraissant avec les pluies, disparaissant avec elles, ils s'étendent sur les landes cailouteuses du plateau pliocène, au cœur du Djebel Chaïf, ainsi qu'au pied des montagnes du Dira, enfin aux abords de l'Oued Isser Malah, et dans toutes les jachères. Mais la moutarde jaune (*Elharra* الخرة) y tient plus de place que les légumineuses. Aucune de ces plantes salées, presque pas de ces plantes aromatiques chères au mouton et au chameau, et qui font la valeur des pâturages des steppes.

En somme l'élevage n'a qu'une petite importance chez les Beni Slimann, où, sans être brillante, la culture est cependant prépondérante. L'étendue des terrains qui lui sont consacrés, celle des massifs forestiers, le manque de prairies naturelles restreignent les parcours et interdisent la création de grands troupeaux, surtout celle des troupeaux de moutons, animaux qui veulent pour prospérer la liberté des vastes espaces. De petits troupeaux, au contraire, permettent d'utiliser les terres laissées en friche, les chaumes sur place et les pâturages de printemps et d'automne nés à l'époque des pluies dans les broussailles et sur les pentes rocailleuses impropres aux cultures.

Le mouton du pays appartient, comme celui de toutes les montagnes d'Algérie, à une race grossière, mais robuste et bien acclimatée. Ses défauts,—squelette trop lourd, chair médiocre, laine de qualité inférieure, — proviennent sans doute de ses conditions d'existence et il faudrait pouvoir modifier celles-ci avant de songer à améliorer la race. Que faire de sérieux dans un pays où les pâturages peuvent manquer complètement certaines années, voire même plusieurs années de suite, faute de pluies ?

La chèvre est presque aussi commune chez les Beni Slimann que le mouton. On sait ses inconvénients, ses ravages dans les forêts. Cependant c'est un animal utile dans les pays pauvres, où il rend les mêmes services que le mouton, tout en s'accommodant mieux des terrains ingrats et montueux. On trouve souvent dans la région — ce qui ne se fait pas partout — les troupeaux escortés de chiens de garde, ou même de lévriers, à cause des chacals très nombreux dans la broussaille. Tous ces troupeaux, sauf ceux de chèvres, sont admis dans certains triages forestiers.

Il y a relativement plus de chèvres dans le Djebel Chaïf, plus de moutons dans la plaine, surtout du côté de *Souq Elethnine* et de *Souq Elkhemis*. Les *Ahl Eleuch* et les *Tiara* qui habitent le voisinage de ces deux points marquent ainsi déjà une sorte de transition entre les vrais sédentaires et les semi-nomades du Titteri.

C'est ainsi que ces deux tribus sont presque les seules à avoir des chevaux, tandis que les autres n'élèvent guère que des mulets. Elles en avaient même bien davantage autrefois, paraît-il ; mais leur appauvrissement graduel, ainsi que d'autres modifications économiques, ont rendu ces animaux moins communs. On a cependant installé une station de remonte à Souq Elarbaa, station qui opère comme partout ailleurs en pays arabe.

Rien de particulier à dire du bœuf ; c'est le bœuf indigène, de taille et de force médiocres, mais fait au climat, sobre, s'engraissant vite et coûtant peu.

Bien que les poules soient partout abondantes chez les sédentaires, elles le sont particulièrement chez les Beni Slimann, et surtout chez ceux des régions accidentées. Le voisinage des grands centres de la Mitidja et du Sahel où ils trouvent à les vendre en est la cause.

Il n'est pas rare de voir un indigène se rendre à pied, de son douar à Alger, distant de 60 ou 70 kilomètres, escortant un âne chargé de poules ou de paniers pleins d'œufs n'ayant d'ailleurs d'autre dépense dans ce voyage que les quelques sous réclamés par le cafetier maure chez lequel il passera la nuit ; car ses provisions, c'est une simple galette de blé ou d'orge emportée de chez lui. Ce sont surtout les *Zahera* (زاهرة), une fraction des *Ouled Mesellem*, qui font ce trafic. Les Beni Slimann sont ainsi pour Alger les grands approvisionneurs' d'œufs et de poules, de même qu'ils sont ses fournisseurs de gibiers par excellence.

4º Industrie. — L'industrie se réduit chez les Beni-Slimann à la fabrication par les hommes, et surtout par les femmes, des objets domestiques indispensables, tels que outres à eau, à beurre, à lait, à provisions sèches, poteries grossières, cordes en alfa, etc.

On trouve chez eux des bûcherons, des scieurs de long, des charpentiers et des fabricants d'instruments aratoires très adroits. Peu de femmes tissent la laine ; dans un petit nombre de familles seulement on fait quelques burnous, des sortes d'oreillers appelés ouçaïdes ; des musettes mangeoires pour les chevaux, des teillis ou enfin quelques-unes de ces grandes couvertures en laine grossière, à raies multicolores, partout répandues dans les pays berbères et dont les meilleures se font à Médéa.

Les gens du pays n'exportent aucun produit travaillé, et leurs voisins ne paraissent guère plus industrieux ; seuls les *Tiara*, une de leurs fractions, travaillent l'alfa. Ils en font des nattes très simples, vendues de 2 fr. à 2 fr. 50 sur les marchés des environs. Il n'y a pourtant pas d'alfa chez eux et ils doivent l'aller chercher à plusieurs lieues de distances, dans le Titteri, soit du côté de Boghari, soit du côté de Sidi-Aïssa, où il y en a quelques peuplements : ou bien ils l'achètent aux indigènes de ces régions qui l'importent sur leurs marchés. Le même fait se produit d'ailleurs pour les Ammal de Palestro, dont les nattes ont une valeur moitié moindre. On peut se demander si la mise en œuvre par une tribu d'une matière première n'existant pas chez elle n'est pas l'indice d'une origine étrangère ?

Les tuiles et les briques cuites sont fabriquées un peu partout chez les Beni-Sliman : mais ceux qui montrent le plus d'activité et en même temps une véritable adresse dans ce travail sont les *Ouled Mezrenna*. Beaucoup d'entre eux travaillent comme tuiliers ou comme maçons, soit chez leurs contribules, soit dans les tribus voisines et jusque chez les Adaoura d'Aumale.

Les Beni-Slimann de la montagne fabriquent aussi un peu d'huile par les procédés Kabyles, et la vendent en majeure partie aux Beni-Slimann de notre région ; un moulin installé à la française, appartenant à un caïd, a existé à Tablatt, où un des Ma-Eddine a récemment installé aussi un moulin à grains à mécanique.

5º Commerce. — Le commerce est aussi à peu près purement local chez les Beni-Slimann, dont le pays est trop pauvre pour fournir à l'exportation rien de sérieux. On n'y trouve ni boutique ni magasin, et les approvisionnements ne peuvent se faire qu'à Tablatt — un bien petit centre cependant, — ou dans les marchés arabes, ou encore auprès des colporteurs kabyles qui de temps à autre viennent parcourir la contrée, pour échanger leurs denrées et produits manufacturés contre les fruits du pays plus souvent que contre argent comptant.

Les marchés des Beni-Slimann sont peu importants ; ils se tiennent dans la plaine aux lieux dits *Souq Elethnine* (lundi), *Souq Elarbaa* (mercredi) et *Souq Elkremiss* jeudi). On y trouve, suivant les saisons, les divers produits du sol, légumes, fruits, céréales, animaux domestiques ; du sel apporté par les *Ouled Zenim* d'Aumale, chez lesquels se trouvent des rochers de sel triasiques ; des oranges de *Larbaa* des *Beni-Mouça*, des *Beni-Salah* de Blida, des *Ammal* de Palestro ; du raisin, des carottes, des navets du douar *Tourtathine* de l'Atlas ; des pommes de terre de *Souq Elethnine*; de l'alfa apportée par les *Adaoura* d'Aumale ou les *Ouled Alane* de Boghari, et aussi les quelques produits de mercerie, bimbelotterie, épicerie grossière colportés de marché en marché par les juifs ou les kabyles. A la veille des grandes solennités, on fait aussi dans certaines tribus de petites foires supplémentaires dites Souiga. Ces marchés étaient peu importants autrefois ; celui des Tiara s'affermait pour 105 fr. en 1870. Ils ont pris beaucoup plus d'extension depuis.

Mais si le commerce est rudimentaire chez les Beni Slimann ceux-ci n'en ont pas moins le sens commercial assez développé. Quelques-uns parcourent le pays avec une petite pacotille ; d'autres émigrent dans les villes, se font maquignons, ou colporteurs d'œuf, et de poules à Alger. Là, cette dernière branche de négoce leur est à peu près réservée ; ils y vendent aussi le gibier, le charbon, le bois, et les écorces à tan de leurs forêts.

Ce sont surtout les Beni-Ouattas et les gens de Tourtathine qui fournissent la plaine de la Mitidja de bois et de charbon ; ils partagent cette spécialité avec les *Beni-Micera*.

TROISIÈME PARTIE

§ III. — Les Populations [2]

1° *Populations anciennes.* — Les populations anciennes du pays, sur lesquelles les détails manquent absolument, nous ont laissé comme témoignage de leur existence un certain nombre de ruines. Quelques unes paraissent d'origine romaine, ou bien elles ont été laissées par des indigènes romanisés. Toutes sont peu importantes d'ailleurs : ce sont surtout des restes de constructions circulaires situées en des lieux élevés, qui devaient être faites de pierres de taille de dimensions moyennes et dont la destination primitive, — tours de garde, tours à signaux ou tombeaux circulaires? — reste hypothétique. Des constructions plus parfaites couronnaient une colline aujourd'hui appelée *Eççouamaa*, (الصوامع) (les autels, ou les colonnes?) près du lieu dit *Mezzoubia,* sur le bord oriental de la plaine. Il y avait là trois constructions en pierres de taille, celle du milieu plus grande, avec gradins, colonnes et corniches. Etaient-ce des tombeaux ou des autels ? Aujourd'hui, comme en bien d'autres endroits, un lieu saint de l'Islam a pris la place d'un lieu saint du paganisme. [3]

On a signalé encore des vestiges de postes militaires aux alentours de la région, à côté de Tablatt, près de l'*Oued Djebsa* (Atlas), puis du côté sud, chez les *Beni Silem* (Tiara, vallée de l'Oued Elhammam) se rattachant d'une part aux forteresses d'*Elrorifa* (Cheurfa) et de

---

(1) La première et deuxième partie ont paru dans les *Bulletins* de 1900 et 1903 du quatrième trimestre.

(2) Voir : Dossiers du Senatus-Consulte et *Berbrugger,* les étapes militaires de la Grande Kabylie.

(3) Dans une communication adressée à ce sujet, en 1899, au Comité de l'Afrique du Nord, et résumée au *Bulletin,* j'ai donné un peu plus de détails.

Sour Djouab (Rapidi,) dans la montagne au sud de la plaine, et de l'autre à *Berrouaghia* (Tirinadi). Une voie de ceinture traversait la plaine entre Sour Djouab et Berrouaghia. On est donc fondé à penser que le pays des Beni Slimann n'a pas été très occupé par les Romains, surtout la portion montagneuse. (1)

* * *

2º *Les populations actuelles. Origine.* — Les indigènes de la plaine des Beni Slimann et de ses abords font partie du groupe connu de leurs voisins sous le nom générique de *Beni Slimann*, dénomination que l'administration employa jadis également, mais en lui donnant des acceptions variables suivant les époques.

Loin de constituer un groupe homogène, ils sont au contraire le résultat du mélange des sangs arabe et berbère, en proportions variables suivant les lieux, mais avec prédominance générale du dernier. Leur type de physionomie l'indique tout d'abord ; ils sont plus souvent brachycéphales que dolichocéphales ; beaucoup ont des faces rondes et larges, avec des traits droits, presque européennes ; leur ossature est forte, leurs attaches sans finesse, leur teint relativement clair, leur cheveux plats, plutôt châtains que noirs, et tirant même parfois sur le blond. Ils se rapprochent en cela des berbères de Médéa ; mais la forme souvent carrée du menton les en distingue et leur donne quelque ressemblance avec les Beni-Hassen de Berrouaguïa. C'est seulement chez certaines familles de la plaine qu'on voit apparaître le teint basané, l'arcade sourcillière longue, le nez mince, souvent busqué, le poil frisé, d'un noir franc, et le crâne dolichocéphale de l'arabe.

Bien entendu ces remarques résument seulement une impression d'ensemble. Cependant la tradition les confirme : suivant elle le noyau principal des Beni-Slimann serait un groupe de berbères qui vivaient retirés dans leurs montagnes. La fraction des *Mezrenna* (مزرنة), est la seule sur laquelle nous ayons quelques renseignements. Elle serait issue des Mezrenna qui, vivant aux bords de la Méditerranée, donnèrent leur nom à la ville fondée par l'un d'eux, *Ziri ben Mohammed*, gouverneur de la Berbérie au nom des califes Fatemites, et qui fut d'abord appelée *Djezaïr Ouled Mezrenna*, puis par abréviation *Eldjezaïr*, la moderne *Alger*. L'ancêtre des Mezrenna des Beni Slimann s'appelait *Sidi Mharek* ; il vint avec sa famille s'établir dans le pays alors occupé par les *Beni bou Othmane* où ses descendants se trouvent encore, groupés au nombre d'une

---

(1) Dossiers du Senatus-Consulte.

vingtaine de familles autour de son tombeau, sur une petite colline au confluent de l'oued Ysser-Malah et de l'oued Yeggoune-Malah.

Vers le V⁰ siècle environ les Arabes commencèrent à pénétrer dans la plaine, refoulant les Berbères dans les parties montagneuses du pays ; je n'ai rien pu apprendre à leur sujet, sinon qu'une de leurs fractions, les Ahl Eleuchch, (ادل العشر) se disent parents des Ouled Nayl. Ibn Khaldoune cite bien des noms analogues à ceux que nous trouvons dans le pays, mais rien ne garantit qu'il s'agisse des mêmes populations. — Les Berbères tentèrent vainement de chasser les Arabes, et des luttes très longues s'engagèrent ; elles perdirent de leur acuité avec le temps, surtout au fur et à mesure que l'islamisme progressait parmi les autochtones, et finalement, las d'une situation sans issue, comprenant d'ailleurs que cette hostilité continuelle les mettait en état d'infériorité vis-à-vis de leurs voisins, les uns et les autres décidèrent de conclure un pacte. Les Berbères, c'est-à-dire les *Beni Silem*, (بنى سيلم), les *Beni Maalounn*, (بنى معلوم), les *Melouane*, (ملوان), les peuplades du pic de *Bahhata*, (بحكة), et les *Beni Khalifa*, (بنى خليفة), eux mêmes divisés en cinq grosses fractions, jurèrent, on ne sait à quelle date, alliance offensive et défensive avec les Arabes, *Ouled Msellem*, (اولاد سلم), *Ahl Eleuchch*, (ادل العشر), *Oued Ziène ou Ziana*, (زيانة), *Oued Taane*, (اولاد طعان), *Ouled Soltane*, (اولاد سلطان), et *Ouled Znim*, (اولاد زنيم). Les nouveaux alliés prirent le nom de Beni Slimann, peut-être pour se mettre sous la protection du grand Salomon, type de sagesse chez les musulmans comme chez les autres peuples.

3° Historique. — La confédération ainsi formée occupait une étendue de pays bien plus grande que celle que j'ai décrite ; elle couvrait non seulement la plaine et le djebel Chaïf, mais encore la première ondulation, celle du Nord, des monts d'Aumale, et les deux versants de l'Atlas de Tablatt. Ceux qui habitaient au nord de la plaine étaient les *Beni Slimann Djébaïlia*, ou de la montagne ; les autres les *Beni Slimann Elouta* (de la plaine) ou *Guebaïlia* (du Sud).

Grâce à leur alliance entre eux, tous les éléments que j'ai cités purent conserver intact leur territoire. Dans la première moitié du XVI⁰ Siècle, cependant, il furent obligés de reconnaître l'autorité des Turcs ; mais cette autorité était à peu près purement nominale ; les Beni Slimann payaient un léger impôt, en quelque sorte le prix de la neutralité des Turcs. Au XVIII⁰ siècle, on les trouve administrés par un fonctionnaire Turc appelé Caïd et subordonnés à l'aga des Arabes, quoiqu'ils fussent englobés dans le district ou beylik de Tittéri. Ce caïd avait sous ses ordres huit cheikhs chez les Djebaïlia,

six chez ceux d'Elouta, choisis par les fractions même qu'ils adminis-
traient ; puis deux *Caïds de l'Achour*, (فياد العشور), ou collec-
teurs de l'impôt, choisis par lui, et qui, à l'époque des moissons, re-
cevaient de chaque cheikh, au nom de sa fraction, l'impôt dû par
celle-ci. L'impôt rentrait mal. Le caïd Turc n'avait pas de garnison
mais une simple Zmala, sorte de garde civique, composée de gens
du pays exemptés d'impôts, et installée sous les murs mêmes du
petit bâtiment qu'il habitait à *Mouia Elbéred*, à côté de Tablatt, près
du passage actuel de la route d'Alger à Bou Saada. — Il n'en sortait
guère ; un des derniers caïds, ayant voulu assister lui-même avec ses
cavaliers et quelques volontaires de la Zmala à la perception de
l'impôt, fut attaqué la nuit du deuxième jour par les montagnards et
ne dut son salut qu'à l'intervention des marabouts de Mezrenna qui
le ramenèrent chez lui. L'Achour était l'impôt unique ; il se montait
à 1 saa (16 doubles décalitres) par charrue labourée (environ 10
hectares) ; il était rachetable en argent. Dans chaque fraction c'était
le cheikh qui faisait le recensement sous le contrôle du *Caïd El-
achour*. Les zaouïas, exemptes de toute redevance, se trouvaient in-
dépendantes de fait.

L'action des Turcs était d'ailleurs si faible sur les Beni Slimann
que ceux-ci continuèrent de leur temps comme auparavant leurs
luttes avec leurs voisins, *Beni Djaad*, (بني جعد), gens du *Dira*
ou du *Titteri*, *Adaoura*. Vers 1811, alliés aux *Aribs*, (عريين),
ils eûrent une grande querelle avec les tribus du Dira à propos de
terres voisines de l'oued *D.,enane*, dont chacun voulait s'attribuer la
propriété. C'est en vain que le bey de Titteri, *Smaïl* et son oncle,
Hassane, ex-bey du Titteri lui-même, Aga des Arabes, que le dey, le
divan d'Alger voulurent intervenir : les deux partis en vinrent aux
mains chez les Adaoura, dont les uns avaient pris fait et cause
pour ceux-ci, les autres pour ceux-là. Les Beni Slimann furent bat-
tus et rentrèrent chez eux pour n'en plus sortir.

Ils avaient eu aussi, dès avant l'époque turque, des démêlés avec
les *Beni bou Yagoube* et les *Beni-Hassène*, ou Ouled Chrif du
plateau de Médéa, au sujet d'une terre d'environ 1.300 hectares, dite
Bled Debdaba, située dans le douar actuel de *Tiara*, et qui, étant
devenue vacante, fut l'objet de compétitions à main armée de la part
des uns et des autres. Les Turcs essayèrent un moment de faire pré-
valoir un arrangement aux termes duquel la nue propriété apparte-
nait aux Ouled Chrif, l'usufruit aux Beni Slimann. Mais les Beni bou
Yagoube maintinrent leurs prétentions par la force envers et contre
tous, et ils continuèrent à labourer ce que bon leur semblait du
Bled Eddebdaba. Les protestations cessèrent peu à peu et ils finirent

par rester maîtres du tout ; au moment de la conquête française, ni Ouled Chrif ni Beni Slimann ne faisaient plus d'opposition.

Malgré leur peu de souci de l'autorité des Turcs, les Beni Slimann qui étaient de rudes guerriers, ne laissaient pas que de les aider à l'occasion, quand ils y trouvaient intérêt. C'est ainsi qu'en 1825, *Mostafa ben Mezrague*, bey du Titteri, voulant se venger de l'appui prêté par les Larbaa à *Si Tedjini*, dans son expédition contre Oran, demanda l'appui des Beni Slimann, des Arib, et des cavaliers raïas du *Djendel*, puis tomba sur les nomades des Larba, campés à Segouane. Le butin fut énorme.

En 1830, à la prise d'Alger par l'armée française, les Beni Slimann, malgré les velléités d'indépendance antérieures et le peu de respect qu'ils avaient des Turcs, laissèrent le dernier d'entre eux, *Aomar*, caïd depuis 1829, quitter tranquillement le pays et s'embarquer à Alger pour Alexandrie ; même ils le protégèrent en route contre les Beni Mouça de la Mitidja, se contentant après son départ, de piller les silos de l'Etat ; deux ans plus tard seulement une bande de Beni Silem força la porte de la maison du caïd et la détruisirent pour en emporter les matériaux. Ils vécurent d'ailleurs pendant cinq ans en paix avec leurs voisins, sans désordres intérieurs et se bornant à faire de temps à autre quelques razzias profitables contre les Français qui commençaient à s'établir dans la Mitidja.

C'est ici qu'apparaît un homme dont le rôle fut prépondérant dans la suite. *Si Mohammed ben Ahmed ben Mahi Eddine* descendait de *Si Ali ben Mohammed ben Ali* marabout venu de la *Medjadja* (plaine du Chéliff), s'installer chez les Beni Slimann à la fin du XVIe siècle, d'abord près d'*Aïne Eltouença* (près Tablatt), dans la fraction des *Beni bel Qacem*, puis plus tard sur le versant sud du Djebel *Tididjel* où il fonda une zaouïa bientôt célèbre. En 1830 celle-ci avait à sa tête *Si Ahmed ben Ali ben Mahi Eddine*, homme de prière et qui ne joua jamais aucun rôle politique, mais père de trois fils dont l'aîné, intelligent, adroit, actif, énergique surtout, *Si Mohammed*, devait avoir une brillante destinée. Profitant de son influence sur les Beni Slimann, il offrit en 1835 leur concours à *Si Mohammed ben Aïssa Elbarkani*, depuis peu nommé bey de Titteri par l'émir *Abd Elqader*. Il espérait ainsi avoir un grand commandement ; mais il fut déçu ; un de ses rivaux en influence, *Ben Tayeb ben Salem*, marabout des *Beni Djâad*, homme d'un extérieur brillant et d'une grande réputation militaire, fut nommé *Bach Aga du Sebaou* sur la demande des populations de cette région. C'était le poste ambitionné par Si Mohammed ben Mahi Eddine, qui fut seulement nommé aga des Beni Slimann et placé sous les ordres de Ben Salem. Il dissimula quelque temps son dépit, mais, poussé à bout par l'attitude méprisante de son rival, qui affectait de ne tenir aucun compte de ses avis, il se mit en opposition avec lui, et finit par recevoir de l'émir l'ordre de se rendre prisonnier à Médéa. Il y demeura un an, libre de se promener dans la ville, mais sans pouvoir sortir des murs.

En 1842, profitant de la soumission du Titteri aux armes françaises, il traita secrètement avec le colonel *Commant*, commandant les troupes de Médéa. Les Beni Djâad l'attaquèrent immédiatement ; mais, aidé du colonel, il les repoussa et fit sur les Chorfa de Guerrouma et des Babor une razzia dont, cinquante ans après, ceux-ci se souvenaient encore. Lors de l'expédition du général Bugeaud (1842) contre Ben Salem, qui se termina par la destruction du bordj de *Bel Kharoub* et des *Arib*, il se joignit à la colonne expéditrice, lui, son frère *Mahfoud*, et un contingent assez fort des Beni Slimann. Le général reconnut de suite ses qualités, comprit que seul il pouvait maintenir le Hamza dans l'obéissance, et, malgré les protestations des Beni Slimann eux-mêmes, des Arib, des Beni Djâad, il proposa au gouverneur de le nommer *Khalifa de l'Est*, ou du *Sebaou*. Le revirement instantané des populations en sa faveur, quand elles apprirent sa nomination définitive, leur valut cette seule apostrophe de sa part « Goddem kleb, bad kleb », chiens avant comme après.

Pour montrer son influence, au lendemain même de sa nomination, Mahi Eddine offrit au général de faire conduire par son frère Mahfoud depuis le bordj des Arib jusqu'à Alger, c'est à dire sur 35 lieues, un convoi de blessés et de malades qu'on n'osait évacuer. Mahfoud y réussit parfaitement, escorté de dix cavaliers seulement, quoiqu'il eût longé tout le pays des Beni Djâad. L'extension de la puissance française sur les Beni Slimann se fit d'ailleurs immédiatement sentir à Alger, où les marchés, à peu près déserts depuis que les gens de l'ouest ne les fréquentaient plus, prirent de suite un peu de vie.

Si Mohammed ben Mahi Eddine régna véritablement, plus qu'il n'administra, jusqu'à sa mort, en 1852, quoiqu'il eût vu son autorité se restreindre et qu'il n'eût plus en fin de compte que les Beni Slimann et les Beni Mouça sous son commandement. C'est à peine si, malgré son caractère autoritaire, il eût quelques démêlés avec ses administrés ; en 1848 les *Beni Silem* ayant refusé de payer l'impôt, il en fit saisir et fusiller clandestinement quelques uns, puis il demanda l'appui des troupes. Deux colonnes d'un millier d'hommes vinrent l'une par Rovigo et Hadjar Salem, l'autre par Médéa. La première, n'avait pas eu le temps de rejoindre la seconde, que celle-ci, campant â *Souq Elkhemis*, avait par sa seule présence tout fait rentrer dans le devoir. Quelques notables furent internés à Alger.

En 1852 *Tahar ben Mahi Eddine*, déjà khalifa des Beni Mouça, succéda à son frère avec le titre de bachaga des Beni Slimann et des Beni Mouça, tandis que son autre frère Mahfoud restait enfermé dans la zaouïa, s'efforçant de restaurer le prestige religieux de la famille, ébranlé déjà par les relations avec les Français. Fin, délié, d'un jugement droit, plus accessible que Mohammed aux idées nouvelles à cause de son âge moins avancé, Tahar sùt demeurer omnipotent pendant 14 ans. Il mourut en 1866 et la désagrégation de Beni-Slimann commença. Une partie seulement demeura dans l'annexe d'Alger, avec le vieux Si Mahfoud comme aga, tandis que le reste passait à la subdivision d'Aumale. A sa mort il n'y eût plus que des caïds, dont quelques uns seulement pris dans la famille des *Mahi Eddine*, et la fortune de celle-ci déclina rapidement. Telle fut la fin du rôle glorieux de cette grande famille qui pendant trente ans avait conservé le pouvoir, maintenant dans l'obéissance une tribu de nature indocile et rebelle, avec une fidélité qui ne s'était jamais démentie. Telle fut aussi la fin de l'importance politique des Beni Slimann, si intimement liée à celle des *Mahi Eddine*, et qui, depuis, comme les peuples heureux, n'ont plus d'histoire.

4° Rattachements administratifs. — Les Beni Slimann appartinrent d'abord à la *subdivision de Blida*, dès la création de celle-ci. Puis à sa suppression (1858), ils passèrent à *Aumale*. En 1866, ceux du Sud restant à Aumale, les autres (*Beni Slimann Djebaïliu*) furent rattachés à l'annexe d'Alger, avec les Ouled Msellem et les Ahl Eleuchch distraits des Guebala. Ils se divisèrent eux-mêmes en :

Beni Slimann Reraba ou *Beni Khalifa*
et Beni Slimann Cheragua avec quatre caïds : 1° *Beni Khannous* ; 2° *Beni Ouatlas* ; 3° *Beni Maaloum et Melouane* ; 4° *Beni Silem*.

Puis l'application du Senatus-consulte vint faire disparaître les derniers vestiges de ce qui avait été une puissante confédération. Bien que l'homologation eût été retardée par l'insurrection de 1871 jusqu'en 1898-99, les travaux avaient cependant été commencés dès 1867 et les Beni Slimann, divisés alors en tribus enchevêtrées les unes dans les autres, répartis à nouveau de la façon suivante, et rattachés à la commune indigène de *Larbaa*.

1° *Tablatt ;* 2° *Mezrenna ;* 3° *Tourtathine,* douars formés par démembrement des *Beni Khalifa,* et des *Beni Ouatlas* et leur adjonction à d'autres éléments ethniques ; 4° *Elouzana,* formé des Beni Maaloum et des Melouane ; 5° *Bahata* formé de plusieurs fractions de mêmes mœurs et coutumes, groupées autour du pic de Bahata ; 6° *Tiara,* formé des Beni Silem et de quelques fractions des Ouled Ziane et de Ahl Eleuchch qui leur avaient été incorporées dès 1864 ou 1865 ; 7° *Ouled Msellem ;* 8° *Ahl Eleuchch,* ces deux dernières tribus non senatus-consultées.

Le *Caïdat des Beni Slimann Guebala,* dont nous ne nous occupons plus, restait attaché à la commune indigène d'Aumale (Ouled Soltane, Ouled Znim, Ouled Taane).

Les Ouled Msellem et les Ahl Eleuchch ont été depuis senatus-consultés et partagés comme il suit :

OULED MSELLEM : 1° *Douar Elguelb ;* 2° *Douar Ziana,*

AHL ELEUCHCH : 1° *Douar Ahl Eleuchch ;* 2· *Douar Chaïf.*

Parmi ces groupes artificiels de populations ceux qui appartiennent au cadre de notre étude, en tout ou en majeure partie, sont : *Mezrenna, Elouzana, Tiara, Ouled Msellem, Ahl Eleuchch,* (مزغنة و الوزانة و الطياره و اولاد مسلم و اهل العشر).

Toutes ces tribus firent partie de la *commune mixte de Tablatt* dès sa formation.

Quelques tribus de la commune mixte de Berrouaghia ont aussi des parties de leur territoire dans la vallée de l'oued Elhammam. Mais ces portions sont trop peu importantes par rapport au reste pour entrer en ligne de compte. Il est est de même du *douar Battam,* qui s'étend à la fois sur la Plaine des Beni Slimann et sur celle des Arib, mais qui, dépendant d'Aïn Bessem et ayant toutes ses relations avec les Arib, doit plutôt être étudié avec ceux-ci.

5° Habitat. — Si, au point de vue de l'origine, le groupe des Beni Sliman est hétérogène, par contre la manière de vivre de tous ses éléments est à peu près la même. Ce sont des sédentaires, ayant pour revenus la culture des champs, les fruits de quelques jardins ou vergers, ainsi que les produits de petits troupeaux ; ressources auxquelles s'ajoutent celles qu'ils retirent des forêts qui couvrent encore une grande partie de leur territoire.

Ils habitent dans do simples cabanes construites en branchages et en torchis, couvertes de chaume fait avec l'herbe appelée diss, herbe qui pousse abondamment sur les montagnes du pays. Cependant, depuis une vingtaine d'années, depuis que le régime de paix et de tranquillité s'est définitivement affirmé, ils ont élevé sur certains points des maisons moins primitives, faites de pierres sèches ou maçonnées et couvertes en tuiles. Enfin, dans le *Djebel Chaïf*, à *Elguetateuch*, des masures en briques crues (*Taub*, طوب), ou *Bou Kharchi*, (بوخرشي), quelquefois pourvues d'un étage, sont disséminées sur un vaste espace.

La couleur rouge orangé de la terre qui sert de mortier, on bouche les interstices des branchages, celle des briques crues, communique à toutes ces constructions une teinte uniforme et un air singulier ; sur un sol nu et crevassé, raviné de toutes parts, comme à Elguetateuch, on a peine à les distinguer et l'aspect du pays, qui paraît d'abord désert et vide, est profondément triste. Quand au contraire la terre a conservé son manteau de verdure, les habitations se détachent avec vigueur sur le fond sombre ou éclatant de la végétation qui les entoure, et le paysage entier emprunte à cet harmonieux effet de contraste beaucoup de fraîcheur et d'éclat.

Comme partout, dans le Tell, les habitations sont entourées de haies d'épines sèches, formant enclos ; c'est là que le soir sont parqués les bestiaux. Quelquefois aussi, je l'ai dit, de petits jardins y sont attenants, ou bien des vergers de peu d'étendue ; c'est ainsi que du côté d'*Elouzana*, à la lisière de monts de Tablatt, ou près de *Mezzoubia*, sur la bordure des monts de *Ben Haroune*, au pourtour de la région décrite, on rencontre de petits hameaux dont les toits de tuiles, se mêlant à la verdure des arbres fruitiers et des haies de cactus, annoncent l'approche de la Kabylie et rappellent ses villages. Mais en face, de l'autre côté des cours d'eau qui limitent le Djebel Chaïl, on découvre en même temps les maisons de briques crues, semblables à celles des Qçours du Sud. Le caractère transitoire du pays s'accuse dans ce contraste, et l'impression s'en dégage immédiatement aux yeux de l'observateur.

En général, et surtout dans la plaine, les habitations sont dispersées ou réparties par très petits groupes. On leur donne dans ce cas le nom de Neda, pluriel Nedaouate (نداوات). L'espace qui les sépare est grand bien souvent, si bien qu'on peut marcher parfois longtemps sans rien voir qui rappelle la présence de l'homme, perdu dans un vrai désert de broussailles. Aussi, est-ce avec plaisir qu'on rencontre de loin en loin des cabanes où sont installés des cafés maures, ou bien qu'on découvre les chapelles élevées sur la tombe des saints de l'islam, ancêtres des gens du pays. Situées en des points bien en vue, entourées d'arbres séculaires que leur caractère quasi sacré a préservé de la hache, elles s'élèvent au milieu d'humbles tombes sur lesquelles s'étend leur protection, et viennent à propos rompre la monotonie de la solitude. Leur style est simple ; on les prendrait volontiers pour quelque vulgaire habitation ; point de coupole, point d'ornements sur les murs, rarement blanchis à la chaux. Elles sont l'expression d'une foi superstitieuse et intime, sévère, ennemie de tout ornement inutile, ainsi qu'il est naturel chez de pauvres montagnards.

Il y a, enfin, çà et là (à Souq Elethnine, Souq Elkhemis et Souq Elarbaa), des maisons de commandement, c'est-à-dire des maisons élevées autrefois par l'administration militaire, pour servir à la fois de refuge aux officiers en tournée, ainsi que de salles d'audiences aux magistrats musulmans, les jours de marché ; aujourd'hui elles reçoivent les administrateurs et les fonctionnaires autorisés. Enfin, une maison forestière existe à *Elouzana*, une maison cantonnière sur la route d'Alger à Bou Saada, au bord de l'Isser, et sur cette même route un bâtiment qui fut jadis une auberge, à Mezzoubia. On n'y trouve plus aujourd'hui que les chevaux du relai de la diligence d'Alger à Aumale.

Les matériaux de toutes ces constructions sont empruntés au pays ; la chaux et les moellons viennent des calcaires du cénomanien ; la terre donne le mortier et les tuiles ; les petits îlots de trias fournissent le plâtre nécessaire ; et la charpente provient des pins des forêts. C'est encore avec la terre du lieu même où l'on construit que sont faites les briques des maisons d'Elguetateuch ; et si l'absence complète de pierres en cet endroit oblige à y recourir, en revanche la sécheresse relative du climat leur assure une assez longue durée.

6· Alimentation en eau. — Ce que j'ai dit de l'hydrologie peut faire prévoir les difficultés rencontrées par les Beni Slimann de la plaine et du Djebel Chaïf pour s'approvisonner d'eau potable. Car si les sources abondent sur les flancs des monts de Tablatt, en revanche il n'y a d'autre ressource, dans le Djebel Chaïf, que d'établir de petits barrages sur les ravins, même les moindres, pour recueillir les eaux pluviales dans des citernes à ciel ouvert. Ces citernes sont creusées dans le sol, auprès de l'habitation ; leurs dimensions varient ; quelques-unes n'ont pas plus de quelques mètres carrées, d'autres sont de vrais petits bassins. Elles sont parfois bordées par des pins ou des lentisques, ce sont alors de petits coins frais et ombragés, charmants sujets de tableaux. Mais quoique établies dans des terrains très faciles à colmater, elles ne s'en dessèchent pas moins en été. Nulle ressource en cette saison que d'aller chercher l'eau dans les torrents, à la périphérie du Djebel Chaïf, c'est à dire parfois à une grande distance. Tel est aussi d'ailleurs le cas dans la plaine, où les puits forés par les indigènes donnent peu ou point d'eau. Aussi, nouvelle ressemblance avec les pays du Sud, les Beni Slimann se servent-ils d'outres en peau de chèvre et non de cruches, comme les Kabyles, pour transporter l'eau.

7° Propriété. — La propriété est melk partout, c'est à dire que les maisons, jardins, terres de labour, sont possédées à titre privé. La terre est si mesurée chez les Beni Slimann, sa nécessité si grande, et leur amour pour elles si vif, que dans le but de conserver intact leur patrimoine territorial, la plupart des familles riches spoliaient autrefois les femmes de leur part d'héritage en constituant des biens habous en faveur de leurs descendants mâles. Mais, vers 1870 déjà, cette coutume tendait à se perdre.

C'est encore la pénurie locale de terres qui oblige les gens de la montagne, comme les *Ammal*, comme les *Beni Ouattas*, les gens de *Tourtathine*, à labourer dans la plaine des terres louées ou prises à réméré.

Non seulement la terre, mais encore autrefois des parcelles forestières et les terres de parcours étaient chez les Beni Slimann objet d'appropriation. Elles étaient les possessions de certaines familles à l'exclusion des autres, et les propriétaires d'une même parcelle, d'un même parcours, étaient les habitants d'un même campement. Quand ces propriétaires étaient devenus trop nombreux, ils se fractionnaient; et chaque fraction nouvelle avait en partage la portion du bois ou du parcours qui était la plus voisine de son installation. Des actes en font foi. On vit, dans ces conditions, certaines familles vendre du bois à l'Etat turc; en 1870 encore une fraction manquant du bois était obligée d'en couper dans les biens des voisins plus avantagés, avec leur autorisation et quelquefois en l'achetant. Aujourd'hui, par suite de la convention intervenue le 31 août 1883 entre l'Etat et les indigènes, 10.000 hectares de forêts ont été attribués au Domaine, le reste à la collectivité ou aux particuliers, en même temps que les droits d'usage séculaires, approvisionnement de bois de chauffage et de construction, glandage, parcours du bétail, ont été maintenus sur une partie des biens domaniaux.

Ces forêts sont, je l'ai dit, de haute futaie en grande partie, et composées surtout de chênes verts et de pins d'Alep, le chêne ballote se trouvant plus au Nord dans l'Atlas. Elles sont encore en assez bel état sur la majorité de leur étendue, mais malheureusement les déprédations des indigènes en compromettent l'avenir. La surveillance des forestiers reste impuissante; obligés d'appliquer des règlements surannés, de recourir à une procédure incompatible avec les nécessités en pays arabe, ils sont vraiment désarmés devant les délits importants, et réduits à sévir contre les petits délinquants, ce qui a pour conséquence naturelle d'enhardir les vrais malfaiteurs.

Les pins sont abîmés non seulement par les coupeurs de bois, mais encore par les femmes et les enfants qui les écorcent pour manger l'aubier dont la saveur sucrée leur plait. Mais les chênes verts ont particulièrement à souffrir de l'imprévoyance des indigènes. Ceux-ci écorcent l'arbre sur pied, sans le couper, de sorte qu'il meurt sans donner de rejetons ; cela n'arriverait pas s'ils le coupaient avant de l'écorcer ; ils profiteraient ainsi à la fois de la vente des écorces, de celle d'un bois de qualité supérieure, et des rejetons, qui, après un certain nombre d'années, fourniraient de nouveaux revenus. Beaucoup de chênes verts existent encore dans les propriétés des indigènes et il y aurait intérêt à les voir modifier leur façon de faire.

Pour éviter la disparition prochaine de ces arbres, l'administration forestière avait interdit complètement leur exploitation et installé sur les routes de la Mitidja, où les Beni Slimann vendent leurs écorces, des brigades volantes chargées d'arrêter les convois. Mais cette mesure allait à l'encontre de certains intérêts particuliers ; aussi fut-elle rapportée. D'ailleurs les chances pour les fraudeurs de tromper la surveillance des gardes sont si grandes qu'il y a pour eux plus d'avantages à risquer un procès de temps en temps qu'à cesser la vente des écorces. D'autant plus que les amendes encourues par eux finissent toujours par se réduire, après transaction, à des sommes dérisoires.

8º Richesse, Coutumes. — La vie est difficile chez les Beni Slimann, et les familles de cultivateurs aisés sont rares. On en trouve quelques unes seulement dans le douar Tablatt (en dehors de la région) et dans les Ahl Eleuchch et les Ouled Sellem de la plaine. La pauvreté s'accroit naturellement de la plaine au Djebel Chaïf, de celui-ci à l'Atlas. Aussi les montagnards de cette dernière région tirent-ils parti de tout pour vivre. C'est ainsi qu'ils ont en certains endroits aménagé comme des arbres de vergers les chênes à glands doux dont les fruits sont un élément important de leur nourriture ; ils font aussi avec l'aubier et la graine de pin une sorte de bouillie nommée *Sguiyou* ou *Chellouda*.

Cette pauvreté générale des Beni Slimann influe sur leur extérieur, sur leur costume, dépouillé des ornements qui l'agrémentent ailleurs chez des populations indigènes à la vie moins pénible. Le blanc est, chez les Beni Slimann, la seule couleur adoptée ; on ne trouve chez eux ni les beurnous noirs, ni les beurnous en poils de chameau, comme dans l'Ouest ou le Sud Algérien ; ni les étoffes de couleurs vives, chères à une partie des sédentaires de la province de Constantine. Ils suppriment presque toujours les volumineuses et multiples chechias des tribus de cavaliers du Sud et se contentent d'une chechia rouge plus ou moins crasseuse ; ils remplacent le plus souvent la cordelière en poil de chameau qui retient sur la tête le voile qui l'entoure — c'est un objet de luxe pour eux — par un simple turban de cotonnade. Même simplicité chez la femme ; celles-ci portent la seule melhafa, tunique de cotonnade, d'une seule pièce, drapée autour du corps sans être cousue, et retenue sur les seins par des boucles en argent, sur les reins par une ceinture. Ce vêtement, qui ne manque pas quelquefois d'une certaine grâce, est toujours blanc chez les Beni Slimann, alors que dans certaines tribus du Sud ou de l'Est, il est fréquemment de couleur variée. Les femmes n'ont pas encore, comme dans les Monts du Titteri et au delà, les deux grosses nattes tressées aux côtés de la tête. Un mouchoir rouge pour les petites filles ; pour les femmes quelques linges blancs en paquet volumineux, moins toutefois que chez les nomades où il prend des proportions gigantesques, telle est la coiffure. Enfin quelques grossiers bijoux d'argent, parfois, chez les jeunes femmes, quelques amulettes, quelque glace sertie dans du cuir, ou un étui à Koheul, c'est toute la parure.

On sent que l'on est chez des paysans âpres au gain, qui sentent le prix de l'argent et n'ont nul souci du luxe.

Sauf quelquefois les beurnous, aucune pièce de vêtement n'est faite dans le pays ; les matières premières manquent. Tout ce qui est toile ou cotonnade est d'importation européenne ; les cordelières en poil de chameau viennent de chez les nomades du Sud, les chechias en feutre blanc du Bou Zegza ou de Sidi Aïssa d'Aumale, les chéchias rouges de Tunis.

Mais, comme pour l'habitation, qui commence à se perfectionner, l'influence française se fait sentir, mais moins heureusement pour l'esthétique, dans le costume des Beni Slimann. Elle se traduit par l'adjonction de pièces hétéroclites, débris de costumes européens, d'effets d'uniformes réformés, vendus dans les villes et colportés dans les marchés, puis achetés par les pauvres diables qui s'en affublent en hiver par crainte du froid. Et souvent à côté d'un montagnard chaussé du *bou Rarrous* (sorte de soulier de cuir vert sale, cousu avec des cordons de cuir), ou portant les *Jerabe* (sorte de gros bas de laine, tricoté par les hommes), on en voit un autre promener triomphalement une vieille paire de guêtres de zouave ou de tirailleur.

Les femmes sont cloîtrées, comme chez tous les musulmans, ou plus exactement cachées aux regards des étrangers, mais d'une façon moins rigoureuse que dans les villes ; beaucoup sortent pour aller au bois ou à l'eau. Cependant elles se montrent moins facilement que chez les nomades.

Le langage des Beni-Slimann est l'arabe barbaresque moderne, mais il compte passablement d'expressions locales typiques. On n'y trouve plus trace de berbère que dans certains noms de lieux ou de plantes. Ces noms sont assez nombreux, il est vrai, surtout dans le douar Elouzana. Mais, en 1870, un millier d'indigènes environ parlaient encore le berbère dans le douar *Bahhata* (Atlas). Vingt et un ans plus tard, on ne trouvait plus chez eux, comme chez les *Beni Khannous* que certaines expressions berbères, mélangées à l'arabe. Cette propagation rapide de cette dernière langue dans un milieu berbère d'origine s'explique d'abord par l'action des écoles maraboutiques, puis par la fréquentation de plus en plus grande des villages et villes de l'extérieur par les Beni Slimann de la montagne.

9⁰ Caractère. Influence des marabouts. — L'existence retirée qu'ils avaient menée jusqu'en 1866 a longtemps laissé des traces dans leur caractère. En 1870 les fractions les plus riches, installées dans la plaine ou sur les plateaux cultivables, avaient seules noué des relations assez suivies avec les centres européens de la Mitidja, et commençaient à se faire aux habitudes européennes ; mais celles des replis tourmentés de l'Atlas étaient encore sauvages et défiantes ; partout les femmes et les enfants étaient farouches. Ils avaient conservé aussi dans leurs relations intérieures, et vis-à-vis de leurs voisins, l'humeur querelleuse et batailleuse des berbères. Mais depuis une vingtaine d'années environ, un grand nombre d'individus s'étant faits coquetiers, les relations de plus en plus suivies qu'ils entretenaient avec Alger et les villages européens ont profondément modifié leur état d'esprit, et quelques uns seulement restent encore sauvages.

Mais n'ont-ils pas en même temps perdu quelque chose de leurs qualités ? Ont-ils toujours « cette sorte de loyauté bourrue » qu'on leur reconnaissait autrefois, et qui est aussi le trait caractéristique de certaines races berbères ? Ont-ils conservé cette belle vertu de l'hospitalité, et, comme il y a une quinzaine d'années, pourrait-on encore trouver beaucoup d'entre eux qui retardent leur dîner jusqu'à dix heures du soir « dans l'espoir qu'un hôte envoyé par Dieu viendra le partager ? » Je crains qu'au souffle passablement impur de la demi-civilisation coloniale, souvent pire que la barbarie, ils n'aient, en perdant leur sauvagerie, perdu du même coup leurs quelques vertus primitives.

Ils ont en tous cas appris la procédure et ses tristes roueries ; très attachés à la terre de tout temps, en bons paysans qu'ils sont, ce n'est plus les armes à la main qu'ils la défendent, mais dans les officines des gens d'affaires véreux. Ils se ruinent en procès. L'usure fait aussi chez eux bien des victimes ; mais ils faut être juste, et reconnaître que, s'ils en souffrent, ils la pratiquent aussi chaque fois qu'ils le peuvent. Encore un article d'importation, qui prend cours de plus en plus, à mesure que les vieilles superstitions s'évanouissent.

Celles-ci, encore assez vivaces, étaient très vives chez eux autrefois, de même encore que dans tous les pays berbères. Aussi, dès les temps les plus reculés, un grand nombre de marabouts vinrent-ils s'établir chez eux, et, comme dans la Kabylie du Djurdjura, se posant en médiateurs lors des contestations territoriales, ils acquirent bientôt richesse et influence. Il y en avait à peu près dans chaque canton, et ils formaient l'aristocratie du pays. Les plus célèbres furent les *Mahi Eddine* dont nous avons vu le rôle précédemment. Ils appartenaient à une famille, qui jouit elle-même d'une influence notable, les *Ouled Sidi Ali ben Mohammed*, descendants du fondateur de la Zaouia de Tourtathine, où ils habitaient. Ces marabouts avaient pour serviteurs religieux une partie de la fraction des Beni-Ouattas ; leur puissance s'accrut par des alliances matrimoniales avec les *Ouled Sidi Abd Elaziz* des Ouled Mesellem. Ils se partagèrent en deux branches, les *Ouled Sidi Aissa* qui émigrèrent dans le centre sans y trouver la fortune ; et les *Ouled Sidi Mahfoud* dont les Mahi Eddine étaient une ramification.

Les *Ouled Sidi Elaziz* étaient, eux, la postérité de *Sidi Abd Elaziz* originaire des Ammal (de Palestro) (?) — A cette famille appartinrent *Sidi Elhabchi, Sidi Mohammed Elakroute, Sidi Saddoq ben Si Abd Elaziz, Sidi Dahmane*, dont les chapelles funéraires s'élèvent à Souk Elarbaa, Souk Elethnine, dans les Ahl Eleuchch, et à Bir Kherichefa (sur la route de Souk Elethnine à Tablatt). Il semble qu'ils soient venus évangéliser les Arabes de la plaine, au XVIe siècle, à cette époque où la foi s'obscurcissait.

Les *Ouled Sidi Moussa ben Othmane*, propriétaires d'une Zaouia à *Aguentit (Beni Maaloum)* eurent grande fortune et grande influence.

Les *Ouled Sidi Yahya ben Tounis*, des *Semmamu*, ont la chapelle funéraire de leur ancêtres au cimetière de *Sidi Ayed* ; un des leurs, *Si Saad ben Mohammed*, caïd des Tiara vers 1891, fut homme de guerre au moins autant que de prières.

Les *Ouled Djellakh* descendaient de trois frères, *Abd Allah*, *Belqacem* et *Mahi Eddine*, qui, venus du Maroc, s'installèrent d'abord à *Belhaireth (Beni Oualtas)* et y fondèrent une Zaouia. Puis, sur les instances des Beni Silem, *Mahi Eddine* alla chez eux fonder une autre Zaouia qui porte son nom. Les marabouts de Belhaïreth, ennemis héréditaires de ceux de Tourtathine, furent ruinés par les *Mahi Eddine* après leur avènement au pouvoir. Ceux des Beni Silem conservèrent au contraire leur fortune.

Les *Beni Mézrenna*, dont on a lu plus haut l'origine, furent la seule des grandes familles religieuses qui n'ait pas joué de rôle politique, tenus en échec qu'ils étaient chez les Beni Khalifa, par les *Ouled Saci*, famille de noblesse militaire (djouad) et de père en fils cheikhs de la fraction des *Ouled Othmane* sous les Turcs. Ils possédaient, paraît-il, des archives précieuses, qui furent consumées vers 1860. Mais à part les Ouled Saci, bien peu d'autres familles de noblesse militaire rivalisèrent avec cette phalange de marabouts : on ne trouve guère que les *Ouled Said*, chez les Ben Khalifa encore ; les *Ahl Eddréa*, des *Beni bou Othmane*, dont la grandeur s'évanouit avec le dernier caïd de l'Achour, *Mohammed ben Slimann*, tué pendant les guerres de la conquête.

Les marabouts des Beni Slimann entretenaient nombre d'écoles. Chaque canton avait la sienne, ainsi que sa petite mosquée ; celle-ci n'était autre ordinairement que la chapelle funéraire du saint ancêtre. Les écoles, autrefois florissantes pour le pays, perdirent de leur relief au moment de la conquête, puis reprirent un peu de vie tant que les Mahi Eddine détinrent le pouvoir, grâce aux prestations que ceux-ci leur allouaient. Elles sont maintenant tout à fait abandonnées, de même que la classe maraboutique est à peu près ruinée. Aussi la masse des Beni Slimann est-elle profondément ignorante.

Elle continue cependant à honorer le tombeau des santons si nombreux chez elle, par des fêtes annuelles ou bi-annuelles ; mais les honneurs qu'elle leur rend rappellent plutôt le culte antique des ancêtres qu'un culte vraiment mystique. Les Beni Slimann, comme tous les montagnards berbères, aiment à se retrouver autour de la tombe d'un ancêtre qui leur rappelle leur communauté d'origine ; c'est comme une fête de famille ; c'est aussi un prétexte à festoyer, une occasion de rompre la monotonie des jours. Quelques-uns marmottent de vagues prières, mais sans trop les comprendre. Il se mêle aussi à ces cérémonies beaucoup de fétichisme. Presque tous sont persuadés qu'ils s'assurent le bonheur en ce monde et dans l'autre — mais en celui-ci surtout, c'est ce qui les touche plus immédiatement, — en touchant les draperies qui recouvrent la tombe, en embrassant celle-ci, ou en tournant autour un certain nombre de fois. Leur esprit est trop simple encore et trop grossier pour s'ouvrir à des idées plus élevées.

Il y a cependant parmi eux environ 400 affiliés à des sectes (Taybia, Rahmania) dont l'origine fut mystique, quoique les tendances actuelles paraissent plutôt séculières. Je doute fort que les Beni Slimann comprennent au juste le but poursuivi par leurs fondateurs, encore moins les idées mystiques qui les ont guidés.

Conclusions

La *Plaine des Beni Slimann*, la partie inférieure de la *vallée de l'oued Flhammam*, qui lui fait suite, et le *Djebel Chaif*, constituent en résumé, dans le nord du département d'Alger, une dépression bien marquée entre les deux chaînes maîtresses de l'Atlas Tellien. Cette dépression n'est qu'une partie d'ailleurs de celle qui règne presque d'un bout à l'autre de celui-ci et qu'occupent les terrains tertiaires et quaternaires.

C'est une de ces régions telliennes dont les caractères, malgré leur indécision, font déjà pressentir la proximité des steppes ; régions de transition plutôt qu'intermédiaires, où les contrastes abondent, si bien qu'on voit tour à tour se reproduire des aspects empruntés à des contrées bien différentes.

Même vague, même indécision dans sa population, composée de sédentaires, les uns d'origine arabe, les autres d'origine berbère, mais si intimement confondus aujourd'hui qu'il est impossible de faire la part de chaque élément ; et dont les unes présentent des affinités frappantes avec les Kabyles, tandis que les autres rappellent les semi-nomades de la bordure des steppes.

Ce manque de caractères dominants influe sur l'aspect même du paxs : médiocrement intéressant aux points de vue botanique ou géologique, il présente plutôt au point de vue pittoresque un certain agrément que de réelles beautés, son climat est sujet à des écarts assez grands et il tend vers des allures franchement continentales déjà, malgré la proximité de la mer, à cause du rideau montagneux parallèle à la côte qui l'en sépare.

L'agriculture y est peu florissante ; le commerce local est sans importance, ainsi que l'élevage. Les produits naturels qui en proviennent, volailles, œufs, gibiers, bois, écorces à tan, ne donnent lieu qu'à un faible trafic.

On ne trouve encore dans la région aucun européen. On a, il est vrai, projeté l'établissement d'un village de colonisation dans la plaine des Beni Slimann ; mais l'exécution n'a jamais suivi, et il ne faut pas le regretter. Car le pays peut nourrir des indigènes faits à une vie pénible, il semble peu propice en revanche à l'établissement des européens. Ceux-ci sont toujours plus difficiles sur le chapitre du bien-être ; or la nature du sol, l'irrégularité des pluies et leur insuffisance parfois, la rareté des eaux potables, ne leur laissent guère espérer ce qu'ils demandent : une vie, sinon facile, au moins supportable, des récoltes, sinon abondantes, au moins à peu près assurées.

Aussi la plaine de Beni Sliman et le Djebel Chaïf paraissent-ils devoir être longtemps encore le domaine exclusif d'indigènes élevés à la dure et faits à la pauvreté.

Addenda

Le *palmier nain* que j'ai signalé en un point seulement du pays, se retrouve encore ailleurs, sur le plateau formant le cœur du Djebel Chaïf et sur les premières pentes des monts d'Aumale, notamment près de Souq Elethnine.

Le *jujubier* de même, quoique n'étant nulle part aussi abondant que près de Souq Elkhemis, se montre encore en quelques autres points, ainsi dans la vallée de l'oued Zaroua.

La coexistence de ces deux plantes, appartenant à des zones botaniques différentes, sur des points si rapprochés, affirme une fois de plus le caractère contrastif et transitoire du pays.

*
* *

Les *alluvions de la plaine des Beni Slimann sont d'âges divers*, et des *terrains d'alluvions anciennes* existent au-dessus de l'oligocène ; il semble qu'il y en ait deux principales ; l'une formant le plateau au cœur du Djebel Chaïf, vers 800 mètres d'altitude ; l'autre couronnant les collines entre l'oued Ysser-Malah et la plaine des Beni Slimann, entre 700 et 750 mètres. Cette dernière s'étendrait aussi sur une partie de la vallée de l'oued Elhammam et sur la rive gauche de l'oued Ysser-Malah, enfin au pied des monts d'Aumale.

A défaut d'indications paléontolologiques, l'indépendance de ces terrains par rapport au réseau hydrographique actuel porte à les considérer comme pliocènes. On retrouverait alors dans la plaine des Beni Slimann les traces d'un grand cours d'eau oligocène (1) puis d'autres cours d'eau ou lagunes pliocènes, tous dirigés S.O.-N.E. et se déversant dans la mer par la vallée actuelle de l'oued Sahel. Le réseau hydrographique quaternaire ancien aurait aussi compté quelques bas fonds lagunaires, mais dont l'écoulement se serait fait par des exutoires dirigés du N. au S. et traversant les plis orographiques. Des phénomènes de capture, consécutifs aux derniers phénomènes tectoniques post-pliocènes, n'ont sans doute pas été étrangers à leur instauration. C'est ce réseau quaternaire qui est devenu en perdant de son importance, par suite de la diminution du débit des sources et des rivières, le réseau hydrographique actuel de la plaine des Beni Slimann et de ses abords.

*
* *

Voici quelques chiffres statistiques à propos des Beni Slimann.

Vers 1870 ils comptaient : 9.256 âmes (3.177 hommes, 2.944 femmes, 3.135 enfants), 1.133 maisons, 1,612 gourbis, 108 tentes, 1.113 charrues, 822 jardins, 605 ruches, 288 chevaux, 693 mulets, 555 ânes, 3.778 bœufs, 15.507 moutons, 31.601 chèvres.

L'impôt était de 55.820 francs dont 8.514 francs de centimes additionnels. (Il s'agit de tous les Beni Slimann Djébaïlia).

Vers 1890 ils comptaient : 17.682 âmes (dont 4.953 hommes, 5.217 femmes), 3.929 maisons. Ils cultivaient environ 1.300 hectares. Ils avaient 271 chevaux, 1.079 mulets, 1.443 ânes, 4.073 bœufs, 14.095 moutons, 37.712 chèvres et payaient 80.000 francs d'impôt.

Vers 1900 ils comptaient 20.537 habitants, 59.400 têtes de chèvres et moutons, 64.300 francs d'impôt. L'impôt oscille autour de 65.000 francs ; cela résulte de l'alternance des périodes propices et des périodes mauvaises pour l'agriculture. Mais le cheptel (moutons et chèvres) augmente de façon continue, ce qui ne devrait pas être justement à cause du retour périodique des années sèches, qui amoindrissent les récoltes, tuent une bonne part des troupeaux et font baisser l'impôt. L'anomalie s'explique par la façon imparfaite

---

(1) Voir *Ficheur*, passim.

dont les statistiques ont été dressées de tous temps, mais d'autant plus imparfaite et d'autant plus au-dessous de la vérité qu'on remonte plus avant dans le temps.

C'est aussi à cela, sans doute, qu'on doit attribuer pour une bonne part cette augmentation singulière de la population entre 1870 et 1890. Il est inadmissible qu'elle ait doublé presque en vingt ans.

A. JOLY.

Errata. — Le ruisseau et la vallée que j'ai désignés Oued Oum Elkheir dans la première partie, sur la foi de la carte au $\frac{1}{50000}$ s'appellent en réalité *Oued Mekheyyer* (واد مخيّر) c'est à dire *vallée excellente, choisie*.

IMPRIMERIE TYPOGRAPHIQUE ET LITHOGRAPHIQUE S. LEON

PLAINE DES BENI SLIMANN
VUE DU DJEBEL CHAÏF

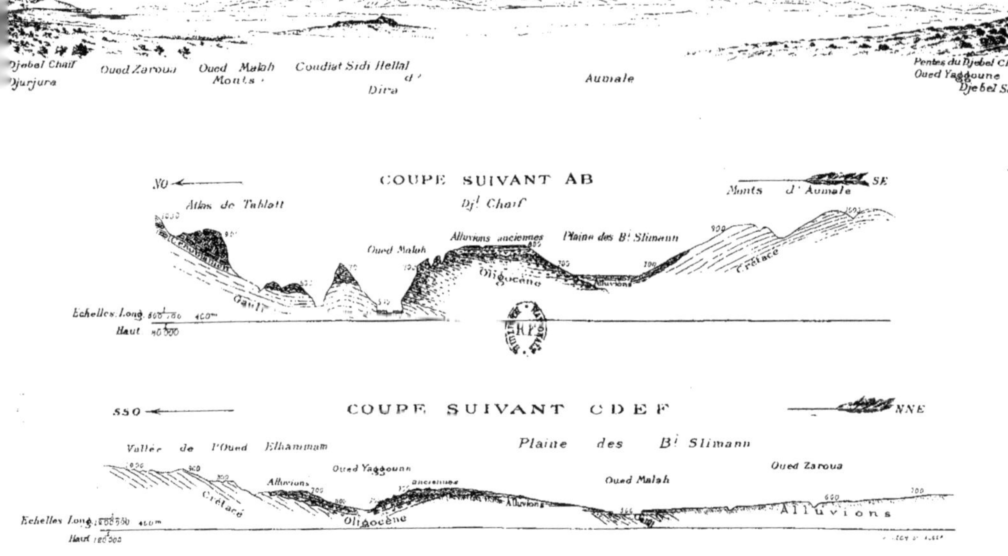

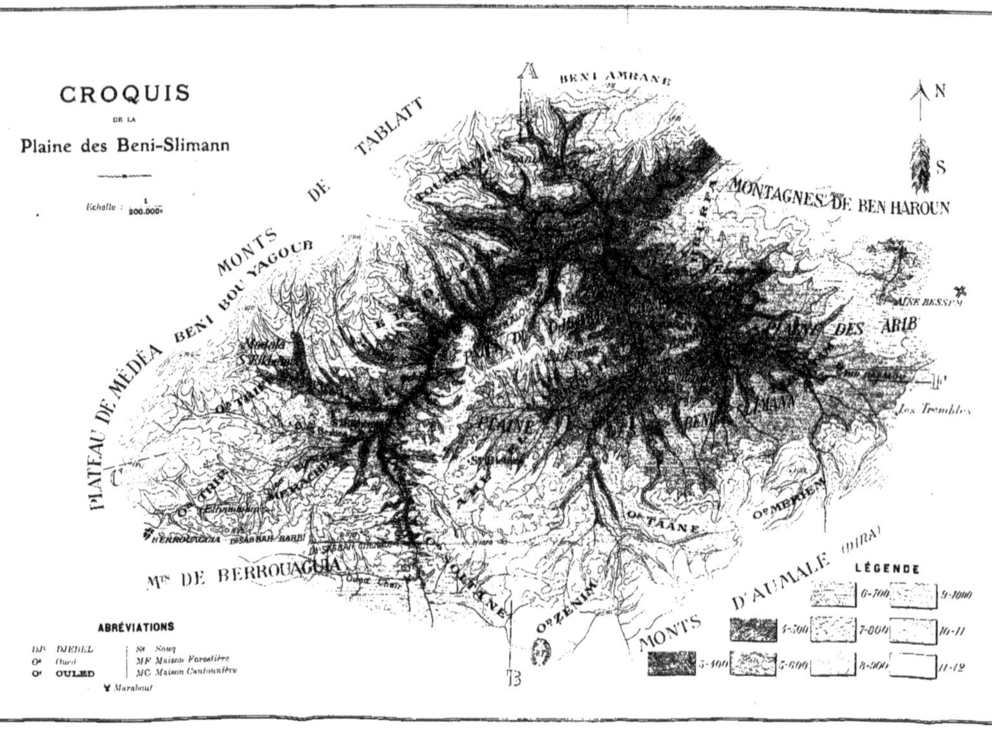

CROQUIS
DE LA
Plaine des Beni-Slimann
Echelle : 1/200.000e
N
S
BENI AMRANE
MONTAGNES DE BEN HAROUN
MONTS DE TABLAT
MONTS BENI BOU YAGOUB
PLATEAU DE MÉDÉA
CHAÎNE DES ARIB
MINE BESSEY
Les Trembles
BENI SLIMANN
Mts DE BERROUAGHA
HERROUAGHA
Dr SABBAH BARBI
Dr SABBAH OUENOU
Oued Chair
Or TAANE
Or MERIEM
MONTS D'AUMALE (DIRA)
Or ZENIM
ABRÉVIATIONS
Dl DJEBEL
Or Oued
Or OULED
St Souq
MF Maison Forestière
MC Maison Cantonnière
Marabout
LÉGENDE
0-700
4-500
5-600
6-700
7-800
8-900
9-1000
10-11
11-12